北大版普通高等教育"十三五"规划教材
21世纪职业教育教材·汽车系列

汽车发动机结构与维修

主　编　杨柏青　王建东
副主编　梅　涛　曹乃悦　刘家伟
主　审　王海元

北京大学出版社
PEKING UNIVERSITY PRESS

图书在版编目（CIP）数据

汽车发动机结构与维修 / 杨柏青，王建东主编. — 北京：北京大学出版社，2020.8
21世纪职业教育教材.汽车系列
ISBN 978-7-301-31136-3

Ⅰ.①汽… Ⅱ.①杨… ②王… Ⅲ.①汽车–发动机–构造–高等职业教育–教材 ②汽车–发动机–车辆修理–高等职业教育–教材 Ⅳ.①U472.43

中国版本图书馆CIP数据核字（2020）第019057号

书　　　名	汽车发动机结构与维修 QICHE FADONGJI JIEGOU YU WEIXIU
著作责任者	杨柏青　王建东　主编
策划编辑	温丹丹
责任编辑	温丹丹
标准书号	ISBN 978-7-301-31136-3
出版发行	北京大学出版社
地　　　址	北京市海淀区成府路 205 号　100871
网　　　址	http://www.pup.cn　新浪微博：@北京大学出版社
电子信箱	zyjy@pup.cn
电　　　话	邮购部010-62752015　发行部010-62750672　编辑部010-62756923
印　刷　者	山东百润本色印刷有限公司
经　销　者	新华书店 787毫米×1092毫米　16开本　14印张　340千字 2020年8月第1版　2020年8月第1次印刷
定　　　价	44.00元

未经许可，不得以任何方式复制或抄袭本书之部分或全部内容。
版权所有，侵权必究
举报电话：010-62752024　电子信箱：fd@pup.pku.edu.cn
图书如有印装质量问题，请与出版部联系，电话：010-62756370

前　言

随着汽车工业的飞速发展，高科技集成的汽车产品进入迭代升级阶段，面临着重新洗牌的汽车产业也正在转型升级。这体现在：一方面，汽车保有量的逐年增加，技术技能型人才的需求量迅速增长；另一方面，新技术、新工艺大量应用于汽车产品，对技术技能型人才的规格提出了新的、更高的要求。

职业教育培养的是企业一线的技术技能型人才，突出职业教育的类型特点，统筹推进"三教"改革，深化产教融合、校企合作，推动校企"双元"合作开发新形态教材，教材的功能正逐渐被拓展，作为课程建设的重要环节，教材质量直接影响技术技能型人才的培养质量。为了配合国家"双高"课程的重点项目建设，我们编写了课程的配套教材《汽车发动机结构与维修》。本教材的主要特点有：

1. 采取校企合作共同开发，职业针对性强

一汽-大众汽车有限公司、长安福特汽车有限公司是我校汽车专业的合作主体，参与本书的策划和编写，长安福特培训供应商企业参与了教材的审定工作。

2. 以项目为载体，采取任务驱动教学法

本教材采用以完成实际汽车发动机维修岗位的典型工作任务为目标，将知识点和技能点穿插其中。专业知识的学习、实践技能操作的训练、职业素质的形成均可通过完成学习性工作中的任务来实现。

3. 导入真实的汽车检修案例，利于学生对任务的理解

本教材结合典型的故障诊断及排除的案例来设置任务训练，有效地帮助学生推进任务实施与评价。

4. 体现以学生为主体的学习需求，转变媒体呈现方式

为增强学生学习的直观性，本教材的内容以图片展示为主、文字为辅，并针对碎片化的知识点、技能点和单个小任务开发了微视频，便于学生用手机、

电脑等终端自主学习。

5.调整教材内容,为"课证融通"奠定基础

本教材为适应职业教育技术技能型人才培养的需要,将汽车机电维修工岗位考核内容及标准引入教材,便于学生毕业后适应岗位的工作要求。

本教材由黑龙江农业工程职业学院杨柏青(编写项目一、二、四)、哈尔滨一汽森华汽车贸易有限公司总经理王建东(编写项目三)担任主编,黑龙江农业工程职业学院刘家伟(编写任务五)、黑龙江农业工程职业学院曹乃悦(编写项目六)、长安福特汽车有限公司梅涛(编写项目七)担任副主编,北京喜沃思咨询有限公司培训总监王海元担任主审。

由于编者水平有限,本书难免有疏漏和不足之处,敬请读者批评指正。

编 者

2020年6月

目 录

项目一　发动机的基本结构认知

项目导入 ··· 1
学习目标 ··· 1
学习任务一：安全操作及工具使用 ·· 2
  1.1.1　知识准备 ·· 2
  1.1.2　任务实施与评价 ·· 7
  1.1.3　任务小结 ·· 8
学习任务二：汽车的总体结构认知 ·· 10
  1.2.1　知识准备 ·· 10
  1.2.2　任务实施与评价 ·· 15
  1.2.3　任务小结 ·· 16
学习任务三：发动机的基本结构认知 ·· 18
  1.3.1　知识准备 ·· 18
  1.3.2　任务实施与评价 ·· 26
  1.3.3　任务小结 ·· 27
学习任务四：发动机解体 ·· 28
  1.4.1　知识准备 ·· 28
  1.4.2　任务训练 ·· 28
  1.4.3　任务实施与评价 ·· 36
  1.4.4　任务小结 ·· 37
思考题 ··· 38

项目二　曲柄连杆机构的结构与维修

项目导入 ··· 39
学习目标 ··· 39
学习任务一：机体组的结构与维修 ·· 40
  2.1.1　知识准备 ·· 40
  2.1.2　任务训练 ·· 46
  2.1.3　任务实施与评价 ·· 52
  2.1.4　任务小结 ·· 57
学习任务二：活塞连杆组的结构与维修 ··· 59
  2.2.1　知识准备 ·· 59

2.2.2　任务训练 ·· 65
　　2.2.3　任务实施与评价 ··· 73
　　2.2.4　任务小结 ·· 74
学习任务三：曲轴飞轮组的结构与维修 ·· 76
　　2.3.1　知识准备 ·· 76
　　2.3.2　任务训练 ·· 77
　　2.3.3　任务实施与评价 ··· 82
　　2.3.4　任务小结 ·· 84
学习任务四：平衡轴的结构与维修 ·· 85
　　2.4.1　知识准备 ·· 85
　　2.4.2　平衡轴的损伤及检测 ··· 86
　　2.4.3　任务实施与评价 ··· 91
　　2.4.4　任务小结 ·· 92
思考题 ·· 93

项目三　配气机构的结构与维修

项目导入 ·· 94
学习目标 ·· 94
学习任务一：气门组的结构与维修 ·· 95
　　3.1.1　知识准备 ·· 95
　　3.1.2　任务训练 ·· 99
　　3.1.3　任务实施与评价 ·· 103
　　3.1.4　任务小结 ··· 105
学习任务二：气门传动组的结构与维修 ··· 106
　　3.2.1　知识准备 ··· 106
　　3.2.2　任务训练 ··· 110
　　3.2.3　任务实施与评价 ·· 114
　　3.2.4　任务小结 ··· 116
学习任务三：发动机正时系统的检测与装配 ··· 117
　　3.3.1　知识准备 ··· 117
　　3.3.2　任务训练 ··· 121
　　3.3.3　任务实施与评价 ·· 124
　　3.3.4　任务小结 ··· 125
学习任务四：进气系统的故障与维修 ··· 126
　　3.4.1　知识准备 ··· 126
　　3.4.2　任务训练 ··· 128
　　3.4.3　任务实施与评价 ·· 130
　　3.4.4　任务小结 ··· 131

学习任务五：排气系统的故障与维修 ·· 133
  3.5.1 知识准备 ··· 133
  3.5.2 任务训练 ··· 135
  3.5.3 任务实施与评价 ·· 137
  3.5.4 任务小结 ··· 139
思考题 ·· 140

项目四 冷却系统的结构与维修

项目导入 ··· 141
学习目标 ··· 141
学习任务一：水循环冷却系统的故障与维修 ·· 142
  4.1.1 知识准备 ··· 142
  4.1.2 任务训练 ··· 144
  4.1.3 任务实施与评价 ·· 147
  4.1.4 任务小结 ··· 149
学习任务二：冷却液的性能检测与更换 ·· 150
  4.2.1 知识准备 ··· 150
  4.2.2 任务训练 ··· 151
  4.2.3 任务实施与评价 ·· 154
  4.2.4 任务小结 ··· 155
思考题 ·· 156

项目五 润滑系统的结构与维修

项目导入 ··· 157
学习目标 ··· 157
学习任务一：润滑系统的故障与维修 ··· 158
  5.1.1 知识准备 ··· 158
  5.1.2 任务训练 ··· 161
  5.1.3 任务实施与评价 ·· 163
  5.1.4 任务小结 ··· 165
学习任务二：润滑油泵的故障与维修 ··· 167
  5.2.1 知识准备 ··· 167
  5.2.2 任务训练 ··· 170
  5.2.3 任务实施与评价 ·· 172
  5.2.4 任务小结 ··· 174
学习任务三：润滑油的正确选用及更换 ·· 175

	5.3.1	知识准备	175
	5.3.2	任务训练	176
	5.3.3	任务实施与评价	178
	5.3.4	任务小结	179

思考题 ………………………………………………………………………… 180

项目六　汽油机供给系统的结构与维修

项目导入 ………………………………………………………………………… 181

学习目标 ………………………………………………………………………… 181

学习任务一：空气供给系统的结构与维修 ……………………………………… 182

    6.1.1　知识准备 ………………………………………………………… 182

    6.1.2　任务训练 ………………………………………………………… 184

    6.1.3　任务实施与评价 ………………………………………………… 185

    6.1.4　任务小结 ………………………………………………………… 186

学习任务二：燃油供给系统的结构与维修 ……………………………………… 188

    6.2.1　知识准备 ………………………………………………………… 188

    6.2.2　任务训练 ………………………………………………………… 191

    6.2.3　任务实施与评价 ………………………………………………… 193

    6.2.4　任务小结 ………………………………………………………… 194

思考题 ………………………………………………………………………… 195

项目七　发动机的组装

项目导入 ………………………………………………………………………… 196

学习目标 ………………………………………………………………………… 196

学习任务一：发动机的组装过程 ………………………………………………… 197

    7.1.1　知识准备 ………………………………………………………… 197

    7.1.2　任务实施与评价 ………………………………………………… 205

    7.1.3　任务小结 ………………………………………………………… 207

学习任务二：密封件的使用 ……………………………………………………… 208

    7.2.1　知识准备 ………………………………………………………… 208

    7.2.2　任务训练 ………………………………………………………… 210

    7.2.3　任务实施与评价 ………………………………………………… 213

    7.2.4　任务小结 ………………………………………………………… 214

思考题 ………………………………………………………………………… 215

项目一
发动机的基本结构认知

项目导入

客户委托：一辆长安福特蒙迪欧-致胜汽车配置2.0T的发动机，已经行驶100 000 km，客户在保养时，维修人员发现发动机润滑油底壳螺丝滑牙，无法泄放润滑油，客户要求我们解决这个问题。

请思考：什么原因会导致发动机润滑油底壳螺丝滑牙？

学习目标

1.知识目标

◎说明车间安全的注意事项；

◎说明汽车的总体结构；

◎说明发动机的基本结构；

◎说明发动机的常用术语；

◎说明发动机拆装的注意事项。

2.技能目标

◎规范使用工具；

◎能依据主要技术参数评价汽车性能特征；

◎分析发动机的工作原理；

◎完成发动机的拆装。

3.素养目标

◎培养团队的合作意识和能力；

◎养成规范作业和安全工作的习惯；

◎建立沟通意识和能力；

◎培养自主解决问题的能力。

学习任务一：安全操作及工具使用

1.1.1 知识准备

1. 车间安全注意事项

车间维修人员在对车辆进行维修和保养时，一定要注意以下生产安全事项：

（1）在检修车辆时要确保点火开关（如图1.1所示）始终处于O（关闭）位置，操作步骤另有要求的除外。

（2）在车上工作时，应施加驻车制动。如果是装备自动变速器的车辆，则应将选挡杆置于P（驻车）挡，有特定操作要求的置于其他挡位。

如果是装备手动变速器的车辆，当发动机关闭时，应将选挡杆置于R（倒）挡；当发动机运转时，应将选挡杆置于N（空）挡；有特定操作要求的置于其他挡位。

（3）在维修车间进行作业时，应当根据作业内容，穿戴相应的防护用品，例如，护目镜（如图1.2所示）、工作帽、手套、安全鞋和合身的工作服等。为避免受伤，在开始工作前应摘掉戒指、手表、项链等配饰，留长头发的车间维修人员应将头发挽起固定于脑后。

（4）衣服内不得装尖锐的工具，以免扎伤自己及损伤车漆或车饰，也不要把尖锐的工具放在座椅上，避免刺伤人或刺破座椅。

图1.1 点火开关

图1.2 护目镜

（5）车辆不要在车间内长时间怠速运转，以减少尾气对人体的危害。

（6）在发动机正时传动时（如图1.3所示），身体部位及衣服应远离转动的部件，尤其是风扇和皮带。

（7）不能冲洗正在运转的发动机及线路电子元件，以免发动机损坏或线路短路引起火灾。

（8）在维修燃油系统时，拆卸燃油管路之前需要泄压，防止汽油洒到可能引起火灾的热源上或喷洒到身上。

（9）为防止烫伤，应避免接触高温金属部件，例如散热器、排气歧管、排气尾管、催化转换器和消音器等。

当发动机温度较高时（如图1.4所示），禁止直接打开散热器盖，以免被喷出的冷却液烫伤。

图1.3　发动机正时传动

图1.4　发动机高温

（10）双手及其他物体不得接触电动冷却风扇（如图1.5所示）的叶片。因为电动冷却风扇会随着发动机温度的升高而运转，所以必须确保电动冷却风扇的电源完全断开后，才能在电动冷却风扇附近进行操作。

（11）在举升的车辆下进行工作时（如图1.6所示），应在车下使用安全支架或确保举升机的安全锁已锁止。需要注意的是，举升机不能单腿工作。

（12）工作区的地面不得有油污、水等液体，以免车间维修人员滑倒后受伤。

（13）维修刹车系统后应先踩几下刹车，确认刹车完好时方可移动车辆。

图1.5　电动冷却风扇

图1.6　在举升的车辆下进行工作

2. 工具的使用原则

车间维修人员在使用工具时要遵守以下原则：
（1）不伤害人；
（2）不损坏车辆；
（3）不损坏工具；
（4）遵守工具、量具使用的规范和要求。

小测试：图1.7～图1.24中列出了车间维修人员在使用工具时遇到的一些常见问题。请回答图中的问题。

◎ 图1.7所示为开口扳手。有些螺母的位置特殊无法使用套筒扳手或者梅花扳手拆除、更换，这种情况才允许使用开口扳手操作。

◎ 图1.8所示的上面的开口扳手操作正确。因为开口扳手不能提供较大的扭矩，所以使用时还要注意选择的规格必须合适。

图1.7 应用在哪里？

图1.8 哪个正确？为什么？

◎ 图1.9所示的梅花扳手可用于凹进空间或有限空间内，并可施加较大的扭矩。

◎ 在图1.10中，手要始终拉动棘轮扳手。如果由于空间的限制而无法拉动棘轮扳手，则用一只手的手掌对棘轮扳手施加冲击力，另一只手始终固定让棘轮扳手与螺栓/螺母保持完全配合。

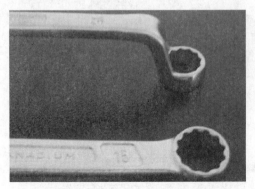

图1.9 梅花扳手在什么情况下使用？

图1.10 如何正确操作棘轮扳手？

◎ 图1.11中的错误原因是，扳手未与螺栓/螺母完全配合。

◎ 出现图1.12所示的这种情况，是对梅花扳手施加了超大扭矩造成的。

图1.11 错在哪里？

图1.12 梅花扳手为什么会出现这种情况？

◎ 图1.13所示的棘轮扳手可以很轻松地拆除或更换螺栓/螺母。

◎ 图1.14是几种规格的棘轮扳手，它们可以在狭窄的空间使用，但不能获得较大的扭矩。通常，以螺纹（不能以螺丝外方）直径判断选择哪一种棘轮扳手。

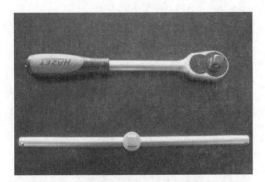

图1.13 棘轮扳手为什么应用得很广泛？

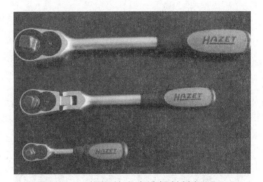

图1.14 根据什么来选择棘轮扳手？

◎ 图1.15所示的两个套筒不可以通用。较深的套筒可用于螺栓突出的螺帽，标准型套筒却不适用。

◎ 图1.16所示的螺母中，六角形螺母用于大扭矩，多角形螺母用于过小旋转的角度。

图1.15 这两个套筒可以通用吗？

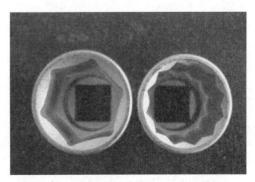

图1.16 这两种螺母在什么情况下使用？

◎ 图1.17所示为螺丝刀，上面的螺丝刀为穿透型，可敲击上紧螺钉；下面的螺丝刀为常规的螺丝刀，只能用手拧。

◎ 图1.18所示的操作是正确的。

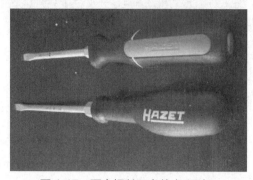

图1.17　两个螺丝刀有什么区别？

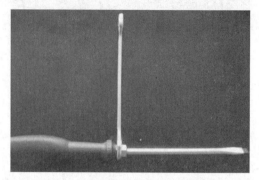

图1.18　一字螺丝刀的操作正确吗？

◎ 图1.19和图1.20中出现的损伤是由以下三点造成的：
- 撬坚硬物体；
- 敲击；
- 选择的操作对象不当。

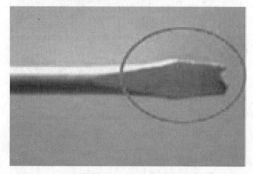

图1.19　一字螺丝刀的损伤是如何造成的？

图1.20　十字螺丝刀的损伤是如何造成的？

◎ 图1.21所示为尖嘴钳子，在操作中切勿对尖嘴钳子的头部施加过大的压力。

◎ 图1.22所示为开口形状可调斜口钳，它可以成U字形打开，但不能用于精密工作。

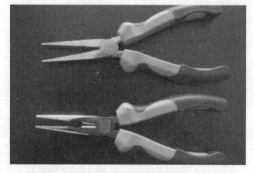

图1.21　在使用尖嘴钳子时应注意什么？

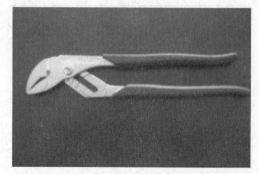

图1.22　在使用开口形状可调斜口钳时应注意什么？

◎ 在使用图1.23所示的内六角扳手时，切勿用其他工具过度施加扭矩。这可能刮削螺丝的凹槽或损坏内六角扳手。

◎ 在使用如图1.24所示的扭力扳手时，需要注意：

· 正确地选择扭力扳手的扭矩范围；
· 扭力扳手扳转时应该使用拉力，用力要柔和均匀，不得使用冲击力；
· 扭力扳手使用结束后应把它的扭矩调到最小。

常用工具使用方法

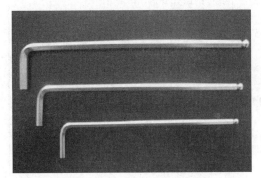

图1.23　在使用内六角扳手时应注意什么？

图1.24　在使用扭力扳手时应注意什么？

1.1.2　任务实施与评价

本任务为常用工具的识别及使用规范，具体实施内容如表1.1所示。

表1.1　任务实施

项目	内容
任务名称	常用工具的识别及使用规范
任务目标	常用工具的识别； 掌握维修常用工具的使用规范
时间安排	60分钟
实施环境	一体化实训室
工具、设备	螺丝刀； 尖嘴钳； 扭力扳手； 梅花扳手；等等
分组安排	每组6～8人
注意事项	注意工具轻拿轻放； 注意清洁

本任务的技能评价如表1.2所示。

表1.2　技能评价

序号	作业说明	作业内容	配分	评分标准	扣分	得分
1	常用工具的识别	识别10种常用工具	30	有一项未识别或识别错误，扣3分		
2	常用工具的使用规范	写出螺丝刀弯曲的原因	5	填写错误扣5分		
		写出螺丝刀缺口的原因	5	填写错误扣5分		
		写出梅花扳手弯曲的原因	5	填写错误扣5分		
		写出扭力扳手使用时的注意事项	15	写错一项扣5分		
3	扭力扳手的使用规范	检查是否调节到标准扭矩值（40 N·m）	5	操作不正确扣5分		
		检查是否以拉力的方式使用扭力扳手	5	操作不正确扣5分		
		检查是否缓慢加力紧固螺栓	5	操作不正确扣5分		
		检查达到标准扭矩后是否停止加力	10	操作不正确扣10分		
		检查使用完毕后是否将扭力扳手调至最小扭矩	10	未调至最小扭矩扣10分		
		是否清洁工具	5	未清洁工具扣5分		
4	熟练程度	考核时间为55分钟	10	在操作正确和数据准确的基础上，如果提前完成任务，则每提前1分钟加1分（只计整数）		
5	合计		110			

1.1.3　任务小结

通过本任务的学习，你掌握了哪些知识？请将思考的问题记录在表1.3中并进行结果检验。

表1.3　任务小结

序号	问题	自检结果
1		

续表

序号	问题	自检结果
2		
3		
4		
5		
6		
7		
8		
9		
10		

学习任务二：汽车的总体结构认知

1.2.1 知识准备

1. 汽车的总体结构

汽车的总体结构主要包含发动机、底盘、电气设备和车身4个部分。

图1.25 发动机

（1）发动机。图1.25所示为发动机，它是能够把其他形式的能量转换为机械能的机器。发动机分为内燃机和外燃机，当代汽车基本采用往复活塞式内燃机。

按照完成一个工作循环所需的行程数不同，往复活塞式内燃机可分为二行程（曲轴转一圈，活塞在气缸内上下往复运动两个行程，完成一个工作循环）内燃机和四行程（曲轴转两圈，活塞在气缸内上下往复运动四个行程，完成一个工作循环）内燃机。

按照所使用燃料的不同，往复活塞式内燃机可以分为汽油机和柴油机；按照气缸数量的不同，往复活塞式内燃机可以分为单缸机和多缸机；按照气缸排列方式的不同，往复活塞式内燃机可以分为直列式、V形、W形和水平对置式；按照冷却方式的不同，往复活塞式内燃机可以分为水冷式和风冷式。

（2）底盘。图1.26所示为底盘，底盘接受发动机的动力，使汽车产生运动，并保证汽车能够按照驾驶员的操纵正常行驶。通常，汽车底盘包括4个系统：传动系、行驶系、转向系和制动系。

（3）电气设备。图1.27所示为电气设备，它由电源和用电设备两大部分组成。

电源包括蓄电池和发电机。用电设备包括发动机的启动系统、点火系统、灯光系统、信号系统、仪表系统、辅助设备系统和电子控制系统等。

图1.26 底盘

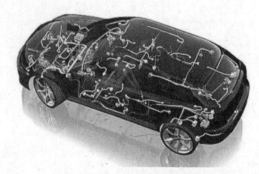

图1.27 电气设备

（4）车身。车身（如图1.28所示）的作用主要是保护驾驶员以及构成良好的空气力学环境；同时，为驾驶员提供舒适的驾驶环境，为乘坐人员提供安全、舒适和享受的乘坐条件。

图1.28　车身

汽车车身分为非承载式和承载式两种：

① 非承载式车身最大的特点就是拥有一个刚性车架，通常由贯穿车身的纵梁和横梁构成，强度高并且抗扭能力好。汽车的动力总成、传动系统、悬挂系统、车身等，都通过橡胶软垫或弹簧与车架做柔性连接。车架是支撑全车的基础，而车身只承受所装载的人员和货物的重力，承受全部负荷。

② 承载式车身的特点是没有车架，车身就是发动机和悬架等总成的安装基体，车身兼有车架的作用并承受全部负荷。如此一来，整个车身的一体性更强。传动系统和悬挂系统都安装在车身的指定位置上。

2．汽车的主要技术参数

汽车的技术参数可以清楚地展现车辆的基本信息，在这些相对枯燥的数据里面蕴含着诸多的知识点，下面介绍汽车的主要技术参数：

（1）外廓尺寸。汽车的长（车身长度）、宽（车身宽度）、高（车身高度）是一辆汽车的外廓尺寸（如图1.29所示）。其中，车身长度是指汽车长度方向两个极端点间的距离，即从前保险杠最凸出的位置到后保险杠最凸出的位置的距离；车身宽度是指汽车宽度方向两个极端点间的距离，但是这里不包括外后视镜、转向指示灯、挡泥板以及轮胎与地面接触变形的部分；车身高度是指，在车辆空载时从地面起到汽车最高点的距离，这个最高点包含车顶行李架，但是不包括天线。

（2）轴距。如图1.30所示，轴距是指汽车前轴中心到后轴中心的距离。

对于汽车来说，乘坐空间布置在前后轴之间，所以轴距是影响乘坐空间的重要因素，长轴距使乘客的纵向空间更大，可以获得更宽敞的腿部和脚部空间。

图1.29　外廓尺寸

图1.30　轴距

（3）最大爬坡度。最大爬坡度（如图1.31所示）是指汽车满载时在良好路面上用一挡所能克服的最大坡度角，代表了车辆的爬坡能力。最大爬坡度用坡度的角度值（用度数表示）或以坡度起止点的高度差与其水平距离的比值（正切值）的百分数来表示，通常，汽车的最大爬坡度用百分数（%）来表示。

（4）最小转弯半径。最小转弯半径（如图1.32所示）是指当转向盘转到极限位置时，外侧前轮轨迹圆的半径。最小转弯半径在很大程度上体现了汽车能够通过狭窄弯曲地带或绕开不可越过障碍物的能力。最小转弯半径越小，汽车的机动性能越好。

图1.31　最大爬坡度

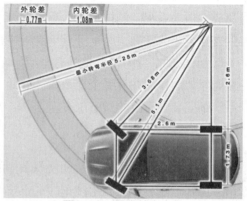

图1.32　最小转弯半径

（5）平均燃料消耗量。平均燃料消耗量（也称平均油耗），是指车辆在道路上按一定速度行驶100 km时的燃料消耗量，如图1.33所示。

（6）油箱容积。油箱容积（如图1.34所示）是指一辆汽车所能承装油量的能力，油箱容积决定了行驶里程。通常，油箱的大小与车辆的油耗有直接的关系，按规定条件设计的油箱加满之后行驶的里程不会少于500 km。

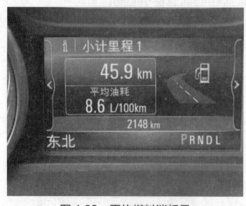

图1.33　平均燃料消耗量

图1.34　油箱容积

（7）发动机气缸数。发动机常用的缸数有3、4、5、6、8、10、12（如图1.35所示）。排量1 L以下的发动机常用3缸，1～2.5 L的发动机常用4缸，3 L左右的发动机常用6缸，4 L左右的发动机常用8缸，5.5 L以上的发动机常用12缸。

在同等气缸直径（以下简称缸径）下，缸数越多，排量越大，功率越高；在同等排量下，缸数越多，缸径越小，转速越高，功率越高。

（8）气缸排列形式。气缸排列形式是指多气缸内燃机各个气缸排布的形式。目前，主流发动机的气缸排列形式有直列排列和V形排列两种。其他的排列方式还有：W形排列、水平对置排列等。

一般来说，气缸数为6缸及以下的发动机气缸采用直列排列[如图1.36（a）所示]，少数6缸及以上的发动机气缸采用V形排列[如图1.36（b）所示]，12缸及以上的发动机气缸采用W形排列。

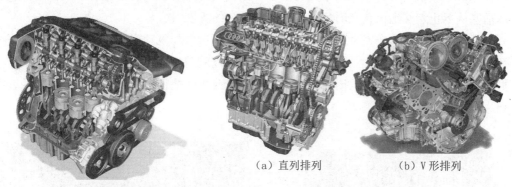

图1.35　发动机气缸数

图1.36　气缸排列形式

（9）每缸气门数。气门是指气缸的进气门和排气门，每缸气门数是指发动机每个气缸所拥有的气门数，有二气门、三气门、四气门和五气门几种，如图1.37所示。

早期的发动机大多采用每缸二气门，即1个进气门，1个排气门。当代主流发动机普遍采用每缸四气门结构，即2个进气门，2个排气门，提高了进气和排气的效率。有些发动机是每缸五气门结构，即3个进气门，2个排气门，结构极其复杂，加工困难，故采用较少。

（10）发动机的进气方式。发动机的进气方式分为两种：自然吸气和增压进气，如图1.38所示。增压进气又分为涡轮增压进气和机械增压进气。

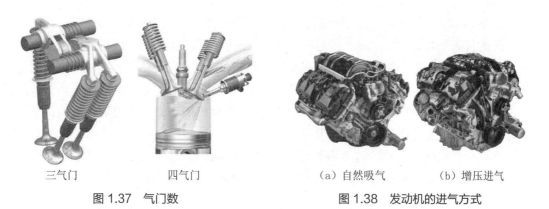

三气门　　　四气门　　　　　（a）自然吸气　　（b）增压进气

图1.37　气门数　　　　　图1.38　发动机的进气方式

自然吸气是利用气缸内产生的负压力，将外部空气吸入，就像人类吸取空气一样，故这种吸气方式的发动机称为自然吸气发动机。

增压进气发动机是依靠涡轮增压器或者机械增压器来加大发动机进气量的一种发动机。

（11）发动机的排量。气缸工作容积是指活塞从上止点到下止点所扫过的气体容积，又称为单缸排量，它取决于缸径和活塞行程。

发动机的排量（如图1.39所示）是各缸工作容积的总和，单位一般用L来表示。发动机的排量是最重要的汽车技术参数之一，它比缸径和气缸数更能代表发动机的大小，发动机的许多指标都同发动机排量密切相关。

（12）压缩比。压缩比（如图1.40所示）是指气缸总容积与燃烧室容积的比值，它表示活塞从下止点移到上止点时气缸内气体被压缩的程度。

压缩比是衡量汽车发动机性能指标的一个重要参数。发动机的压缩比越大，在压缩行程结束时混合气的压力和温度就越高，燃烧速度就越快，发动机的功率就越大，经济性能就越好。但压缩比过大时，不仅不能进一步改善燃烧情况，反而会出现爆燃、表面点火等不正常燃烧现象。

图1.39　发动机的排量

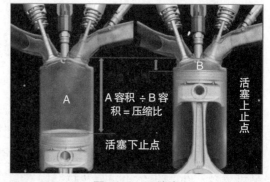

图1.40　压缩比

（13）最大扭矩转速。最大扭矩转速，是指发动机曲轴输出最大扭矩时对应的转速，单位用r/min表示。最大扭矩一般出现在发动机的中、低转速的范围，随着转速的提高，扭矩反而会下降。

如图1.41所示，当发动机的转速为4 000 r/min时，最大扭矩为142 N·m。

扭矩代表爆发力，扭矩越大，意味着车辆的瞬间加速性能越好，爬坡能力越强。在发动机技术参数差不多的情况下，功率和扭矩都是和排量成正比的，排量越大，最大功率和最大扭矩也越大。

（14）最大功率转速。发动机的输出功率代表发动机的动力，输出功率越大，意味着动力越强，汽车能跑的最高时速也越高。

发动机的输出功率同转速关系很大，随着转速的增加，发动机的输出功率也相应提高，但是到了一定的转速以后，发动机的输出功率反而呈下降趋势。

最大功率转速，是指发动机曲轴输出最大功率时对应的转速，单位用r/min来表示。

如图1.41所示，当发动机的最大功率达到78 kW时，转速为5 750 r/min。

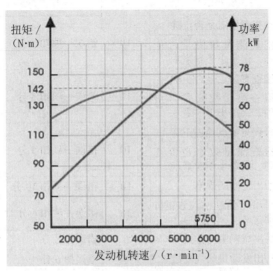

图1.41 最大扭矩转速和最大功率转速

1.2.2 任务实施与评价

本任务为汽车的主要技术参数，具体实施内容见表1.4所示。

表1.4 任务实施

项目	内容
任务名称	汽车的主要技术参数
任务目标	掌握汽车的主要技术参数
时间安排	60分钟
实施环境	一体化实训室
工具、设备	卷尺； 车辆防护三件套；等等
分组安排	每组6～8人
注意事项	注意车辆安全； 注意清洁

本任务的技能评价[1]如表1.5所示。

表1.5 技能评价

序号	作业说明	作业内容	配分	评分标准	扣分	得分
1	测量汽车轴距	检查测量点是否正确	10	错误一项扣5分		
		检查测量数值是否正确，误差小于5毫米				
2	测量汽车的前轮距	检查测量点是否正确	10	错误一项扣5分		
		检查测量数值是否正确，误差小于5毫米				
3	测量汽车的后轮距	检查测量点是否正确	10	错误一项扣5分		
		检查测量数值是否正确，误差小于5毫米				
4	轮胎的规格	写出轮胎的规格	10	错误一项扣10分		
		写出轮胎规格代表的6项含义	36	错误一项扣6分		
5	主要技术参数	写出车辆驱动方式	6	错误扣6分		
		写出发动机的气缸数	6	错误扣6分		
		写出发动机的气缸排列形式	6	错误扣6分		
		写出发动机的进气方式	6	错误扣6分		
6	熟练程度	考核时间为55分钟	10	在操作正确和数据准确的基础上，如果提前完成任务，则每提前1分钟加1分（只计整数）		
7	合计		110			

1.2.3 任务小结

通过本任务的学习，你掌握了哪些知识？请将思考的问题记录在表1.6中并进行结果检验。

表1.6 任务小结

序号	问题	自检结果
1		
2		

---

[1] 本书"技能评价"中有个别内容在正文中未提及，或者已在二维码中出现，或者学生可自行延伸学习。

续表

序号	问题	自检结果
3		
4		
5		
6		
7		
8		
9		
10		

学习任务三：发动机的基本结构认知

1.3.1 知识准备

1. 发动机的基本结构

图1.42所示为发动机的基本结构。作为汽车的动力源，发动机是一部由相关机构和系统组成的复杂机器，由于基本工作原理相同，因此不同类型发动机的基本结构大同小异。发动机主要由两大机构和五大系统组成。两大机构包括曲柄连杆机构和配气机构。五大系统包括燃料供给系统、润滑系统、冷却系统、点火系统、启动系统。

（1）曲柄连杆机构。图1.43所示为曲柄连杆机构，它不仅是发动机的安装基础和骨架，也是发动机实现运动转换和能量转换的核心机构。曲柄连杆机构由机体组、活塞连杆组和曲轴飞轮组三部分组成。

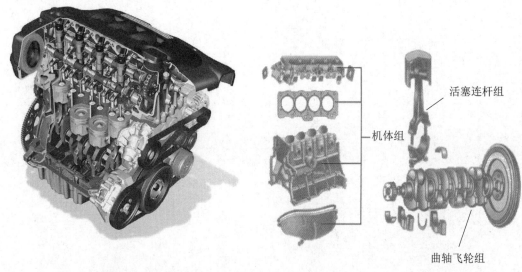

图1.42 发动机的基本结构　　图1.43 曲柄连杆机构

（2）配气机构。图1.44所示为配气机构，它是发动机实现定时、定量向燃烧室供气和排除废气的机构。配气机构可分为气门组和气门传动组两大部分。

（3）燃料供给系统。图1.45所示为燃料供给系统，它是根据发动机的工况需要，定时、定量为燃烧室提供标准燃料或可燃混合气的系统。燃料供给系统主要由燃油箱、燃油泵、燃油滤清器、燃油压力调节器、进气歧管等组成。

图 1.44 配气机构

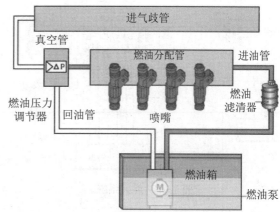

图 1.45 燃料供给系统

（4）润滑系统。图1.46所示为润滑系统，它是保证发动机各配合副以最小的摩擦阻力和最低的磨损量进行工作的系统。润滑系统主要由油底壳、润滑油泵、润滑油集滤器、润滑油滤清器等零部件组成。

（5）冷却系统。图1.47所示为冷却系统，它是按照发动机的工况需要，保证其在最适宜的温度下工作的系统。冷却系统主要由水泵、散热器、节温器、电动风扇等零部件组成。

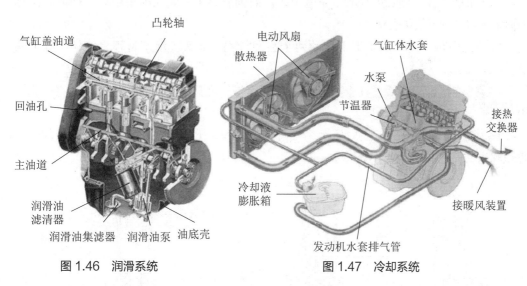

图 1.46 润滑系统　　　　图 1.47 冷却系统

（6）点火系统。图1.48所示为点火系统，它是按照发动机的工况需要，定时、可靠地点燃气缸内的混合气的系统。点火系统主要由蓄电池、继电器、点火线圈、电控单元和火花塞等组成。

（7）启动系统。图1.49所示为启动系统，它是使发动机由静止状态进入到正常工作状态的系统，它主要由启动机及其附属装置等组成。

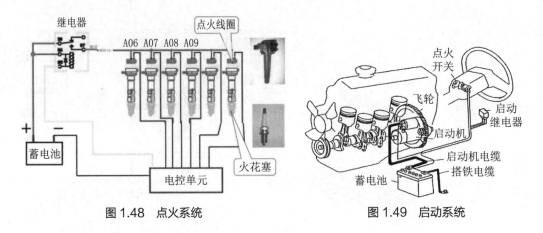

图1.48 点火系统　　　　　　　　图1.49 启动系统

2. 发动机常用术语

发动机常用术语主要有：

(1)上止点。活塞上行至距离曲轴回转中心最远处时，活塞顶在气缸中所处的位置称为上止点。

(2)下止点。活塞下行至距离曲轴回转中心最近处时，活塞顶在气缸中所处的位置称为下止点。

(3)活塞行程。活塞从一个止点到另一个止点移动的距离称为活塞行程，用S来表示。一个活塞行程，曲轴将旋转180°。

(4)曲柄半径。图1.50所示为曲柄半径。曲轴旋转中心到曲柄销中心之间的距离称为曲柄半径，一般用R表示。

曲轴每回转一周，活塞上下移动两个活塞行程。通常，活塞行程为曲柄半径的两倍，即$S=2R$。

(5)燃烧室容积。活塞在上止点时，活塞顶与气缸盖之间的容积称为燃烧室容积，用V_c表示。

(6)气缸工作容积。图1.51所示为气缸工作容积。上止点与下止点间所包容的气缸容积称为气缸工作容积，用V_h表示。

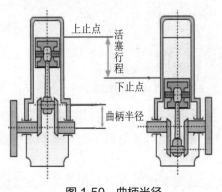

图1.50 曲柄半径

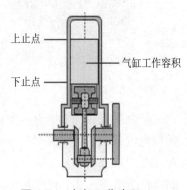

图1.51 气缸工作容积

（7）气缸总容积。活塞在下止点时，活塞头部与气缸盖之间的容积称为气缸总容积，用V_a表示。显然，气缸总容积等于气缸燃烧室容积与气缸工作容积之和。

（8）压缩比。气缸总容积与燃烧室容积的比值称为压缩比，用ε表示，$\varepsilon = V_a/V_c$。压缩比是表示气缸内气体被压缩程度的指标。

（9）发动机排量。多缸机的气缸工作容积之和称为排量，用V_l表示，$V_l = i \times V_h$，i为气缸数。

（10）发动机工作循环。图1.52所示为发动机工作循环。发动机每完成一个进气、压缩、做功和排气的工作过程称为一个工作循环。

（11）二冲程发动机。曲轴转一周完成一个工作循环的发动机称为二冲程发动机，如图1.53（a）所示。

（12）四冲程发动机。曲轴转两周完成一个工作循环的发动机称为四冲程发动机，如图1.53（b）所示。

（13）工况。发动机在某一时刻所处的工作状况称为工况。一般用发动机的转速和负荷表示。

发动机术语介绍

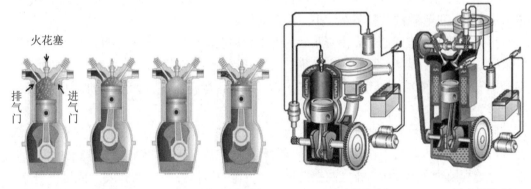

（a）进气　（b）压缩　（c）做功　（d）排气　　　（a）二冲程发动机　（b）四冲程发动机

图1.52　发动机工作循环　　　　　　　　　图1.53　发动机冲程

3. 发动机的工作原理

（1）二冲程发动机的工作原理。

① 进气行程。图1.54所示为进气行程。曲轴旋转带动活塞下行，当活塞处于下止点时，进气道被活塞关闭，排气道和扫气道开启，这时曲轴箱内的可燃混合气经过扫气道进入气缸，扫除其中的废气。

② 压缩行程。图1.55所示为压缩行程。随着活塞向上止点运动，活塞头部首先将扫气道关闭，然后将排气道关闭，气缸内的可燃混合气体开始被压缩，直至活塞到达上止点，压缩过程结束。

随着活塞向上止点运动，扫气道和排气道均被活塞关闭，进气道会被开启，空气和汽油的混合气体经过进气道流入曲轴箱。

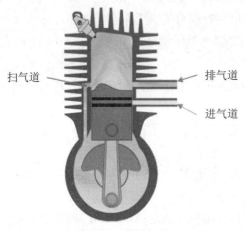
图1.54 进气行程

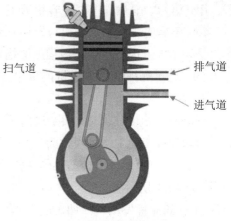
图1.55 压缩行程

③ 做功行程。图1.56所示为做功行程。在压缩过程终了时,火花塞产生电火花,将气缸内的可燃混合气体点燃。燃烧气体膨胀做功。此时,排气道和扫气道均处于关闭状态,只有进气道开启,空气和汽油的混合气体经过进气道继续流入曲轴箱。

④ 排气行程。图1.57所示为排气行程。随着活塞继续向下止点运动,活塞裙部将进气道关闭,曲轴箱的容积不断缩小,混合气体被预压缩。

活塞头部先将排气道开启,膨胀后的燃烧气体已成废气,经排气道排出。做功过程结束后,开始先期排气,随后活塞又将扫气道开启,经过预压缩的可燃混合气体从曲轴箱经扫气道进入气缸,扫除其中的废气。扫气过程将持续到下一个活塞行程中扫气孔被关闭时为止。

曲轴继续进行旋转,活塞从下止点向上止点运动,又开始下一个新的循环过程。综上分析,二冲程发动机工作时,活塞上行行程同时完成进气(曲轴箱)、压缩过程,活塞下行行程同时完成做功、排气及扫气过程。

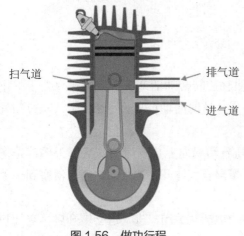
图1.56 做功行程

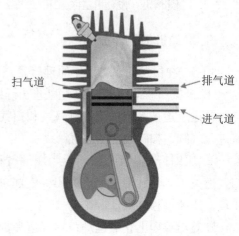
图1.57 排气行程

(2)四冲程发动机的工作原理。

① 四冲程汽油机工作原理。四冲程汽油机在4个活塞行程内完成进气行程、压缩行程、做功行程和排气行程,在一个活塞行程内只进行其中一个过程。

a.进气行程。图1.58所示为进气行程,其工作过程如下:活塞在曲轴的带动下由上止点移至下止点。此时,排气门关闭,进气门开启。在活塞移动过程中,气缸容积逐渐增大,气缸内形成一定的真空度。之后,空气和汽油的混合气通过进气门被吸入气缸,并在气缸内进一步混合形成可燃混合气体。

由于进气系统存在进气阻力,进气终了时气缸内气体的压力低于大气压力,为0.075~0.09 MPa。进入的混合气体经过气缸壁、活塞等高温件及与上一循环留下的高温残余废气一起加热,温度会升高到66.85~126.85 ℃。

b.压缩行程。图1.59所示为压缩行程,其工作过程如下:进气行程结束后,曲轴继续带动活塞由下止点移至上止点。这时,进气门和排气门均关闭。随着活塞移动,气缸容积不断减小,气缸内的混合气体被压缩,其压力和温度同时升高,混合气体进一步均匀混合。压缩终了时,气缸内的压力为0.6~1.2 MPa,温度为326.85~526.85 ℃。

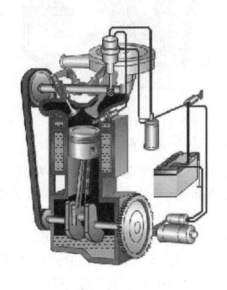

图 1.58　进气行程　　　　图 1.59　压缩行程

c.做功行程。图1.60所示为做功行程,其工作过程如下:压缩行程结束时,安装在气缸盖上的火花塞产生电火花,将气缸内的可燃混合气体点燃,火焰迅速传遍整个燃烧室,同时释放大量的热能。燃烧气体的体积急剧膨胀,压力和温度迅速升高。做功开始时,气缸内的气体压力和温度急剧上升,瞬间压力可达3~5 MPa,瞬时温度可达1 926.85~2 526.85 ℃。

在气体压力的作用下,活塞由上止点移至下止点,并通过连杆推动曲轴旋转做功。此时,进气门和排气门仍旧关闭。

d.排气行程。图1.61所示为排气行程，其工作过程如下：排气行程开始时，排气门开启，进气门仍然关闭，曲轴通过连杆带动活塞由下止点移至上止点。此时，膨胀过后的燃烧气体（或称为废气）在其自身剩余压力和在活塞的推动下，经排气门排出气缸之外。当活塞到达上止点时，排气行程结束，排气门关闭。

由于排气系统存在排气阻力，排气行程终了时，气缸内的气体压力略高于大气压力，约为0.105～0.115 MPa，温度为626.85～926.85 ℃。

曲轴继续进行旋转，活塞从上止点向下止点运动，开始下一个新的循环过程。

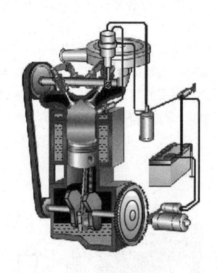
图1.60 做功行程

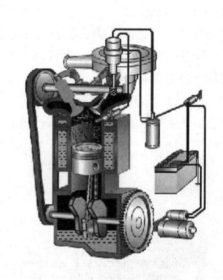
图1.61 排气行程

② 四冲程柴油机的工作原理。四冲程柴油机的活塞行程和汽油机的一样，每个工作循环也是由进气行程、压缩行程、做功行程和排气行程组成。由于柴油的自燃温度低、黏度大且不易蒸发，因此柴油机采用压燃式，在压缩终点自燃着火。

a.进气行程。柴油机的进气行程进入气缸的是纯空气。进气行程如图1.62所示。

在进气行程中，由于空气通过进气歧管和进气门时产生流动阻力，因此进气行程中气缸内的气体压力低于大气压力，其值为0.085～0.095 MPa。在整个进气行程中，气缸内的气体压力大致保持不变。

b.压缩行程。压缩时活塞从下止点向上止点运动，柴油机的压缩行程有两个功用，一是提高空气的温度，为燃料自行发火做准备；二是为气体膨胀做功创造条件。

在活塞上行，进气门关闭以后，气缸内的空气受到压缩，空气的压力和温度也就不断升高。压缩行程如图1.63所示。一般压缩终了时的压力为4～8 Mpa，温度为476.85～676.85 ℃。

柴油的自燃温度为269.85～289.85 ℃，压缩终了的温度要比柴油自燃的温度高很多，此时喷入气缸的柴油就会自行发火燃烧。

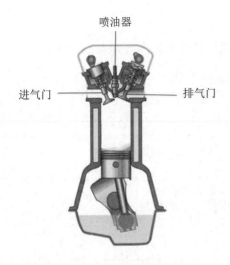
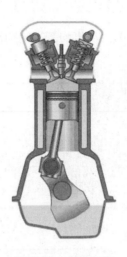

图1.62 进气行程　　　　　　　　图1.63 压缩行程

c.做功行程。在做功冲程开始时，大部分喷入燃烧室内的燃料都已经燃烧，燃烧时放出大量的热量，因此气体的压力和温度急剧升高，瞬间压力可达6～15 MPa，瞬时温度可达1526.85～1926.85 ℃。活塞在高温、高压气体的作用下向下运动，并通过连杆使曲轴转动，对外做功。做功行程如图1.64所示。

随着活塞的下行，气缸的容积增大，气体的压力下降，做功行程在活塞行至下止点、在排气阀打开时结束。

d.排气行程。在排气行程开始时，排气门开启，具有一定压力的气体就立即冲出缸外，缸内压力迅速下降，当活塞继续向上运动时，气缸内的废气依靠活塞上行排出。排气行程如图1.65所示。

排气行程终了时，气缸内的压力略高于大气压力，约为0.105～0.115 MPa，残余废气的温度约为576.85～686.85 ℃。曲轴继续进行旋转，活塞从上止点向下止点运动，开始下一个新的循环过程。

发动机工作原理

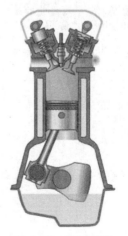

图1.64 做功行程　　　　　　　　图1.65 排气行程

1.3.2　任务实施与评价

本任务为发动机的基本结构认知和工作原理，具体实施内容如表1.7所示。

表1.7　任务实施

项目	内容
任务名称	发动机的基本结构认知和工作原理
任务目标	了解发动机的基本结构； 掌握发动机的工作原理
时间安排	60分钟
实施环境	一体化实训室
工具、设备	发动机
分组安排	每组6～8人
注意事项	注意清洁

本任务的技能评价如表1.8所示。

表1.8　技能评价

序号	作业说明	作业内容	配分	评分标准	扣分	得分
1	曲柄连杆机构的组成	写出曲柄连杆机构的组成部件	24	错误一项扣8分		
2	配气机构的组成	写出配气机构的组成部件	16	错误一项扣8分		
3	四冲程汽油机和柴油机的工作原理及异同点	写出四冲程汽油机和柴油机的工作原理及异同点	60	每写错一项或写得不完整扣7.5分		
4	熟练程度	考核时间为55分钟	10	在操作正确和数据准确的基础上，如果提前完成任务，则每提前1分钟加1分（只计整数）		
5	合计		110			

1.3.3 任务小结

通过本任务的学习,你掌握了哪些知识?请将思考的问题记录在表1.9中并进行结果检验。

表1.9 任务小结

序号	问题	自检结果
1		
2		
3		
4		
5		
6		
7		
8		
9		
10		

学习任务四：发动机解体

1.4.1　知识准备

发动机解体时，需注意以下事项：

① 发动机解体时，需要注意人身安全，使用专用场地或者工作台解体发动机。发动机解体前先清洁发动机的外部，解体过程中应保持发动机的牢靠和平稳。

② 发动机解体时，必须保证在完全冷却的状态下进行，防止解体时机件变形。

③ 发动机解体时，应本着先解体发动机的外部后解体发动机的内部，先解体发动机的附件后解体发动机的主件，先解体发动机的总成后解体发动机零件的原则进行。

④ 发动机解体时，要严格按照相关汽车维修手册的要求和步骤进行分解。

⑤ 发动机解体时，要轻拿、轻放铝合金零件。铝合金零件比钢或铸铁零件软，其精加工表面很容易损伤，禁止使用硬金属对其进行敲击和硬撬。

⑥ 对于螺纹连接件的拆卸，应选用合适的扳手或专用工具，不可使用活动扳手。在拆卸同一平面上多个螺栓时，要注意使螺栓均匀受力，采用顺时针或者对角的方向，由外向内依次并分多次地将螺栓拧松，使拆卸部件均匀受力，避免变形。

⑦ 拆卸配合零部件或组件时应注意做好标记或加标签，如气门组、活塞连杆组、轴瓦等，避免在装复时混淆。

1.4.2　任务训练

下面以大众汽车配置EA211 1.4T的发动机为例，介绍发动机解体时的具体操作步骤。

（1）发动机解体时需要使用的专用工具。

① 图1.66所示为火花塞拆卸时使用的扳手3122B。

② 图1.67所示为固定工具3415N，用于固定曲轴皮带轮减震器。

③ 图1.68所示为带转接头的固定工具T10172，用于拆卸凸轮轴齿轮。

④ 图1.69所示为扭力扳手接头T10500，用于拆卸正时皮带张紧轮。

⑤ 图1.70所示为梅花扳手T10499，用于拆卸正时皮带张紧轮。

⑥ 图1.71所示为气门拆装组件VAS 5161。

⑦ 图1.72所示为飞轮锁止工具3067，用于固定发动机飞轮。

项目一 发动机的基本结构认知

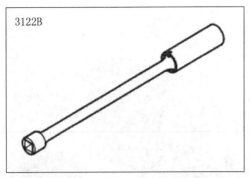

图 1.66 扳手 3122B

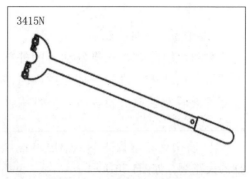

图 1.67 固定工具 3415N

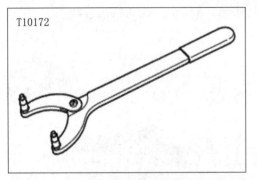

图 1.68 带转接头的固定工具 T10172

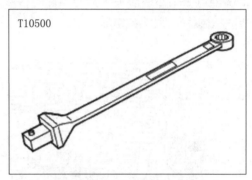

图 1.69 扭力扳手接头 T10500

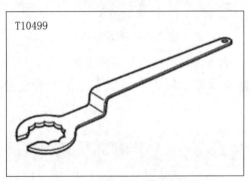

图 1.70 梅花扳手 T10499

图 1.71 气门拆装组件 VAS 5161

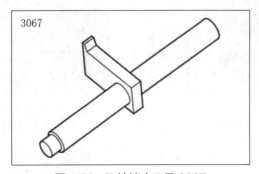

图 1.72 飞轮锁止工具 3067

（2）发动机解体步骤。

发动机解体时，先将发动机的外部组件拆卸后，即可进行解体，拆卸时注意零件要轻拿轻放。发动机的外部组件如图1.73所示。

① 使用火花塞扳手3122B拧出各气缸的火花塞，如图1.74所示。

② 使用固定工具3415N松开减震器的螺栓（图1.75中箭头所指的零件），然后拧出螺栓，取下减震器。

图1.73 发动机的外部组件

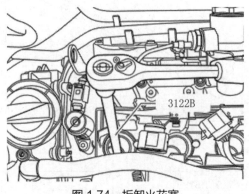

图1.74 拆卸火花塞

图1.75 拆卸减震器

③ 拧出螺栓（图1.76中箭头所指的零件），取下正时齿形皮带下部盖板。

④ 拧出螺栓2。松开固定夹（图1.77中箭头所指的零件），取下上部齿形皮带护罩。

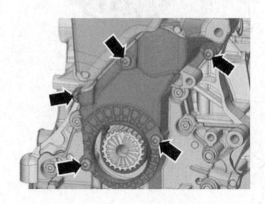

图1.76 拆卸盖板

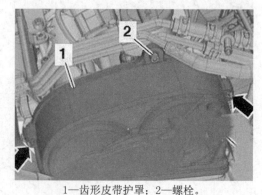

1—齿形皮带护罩；2—螺栓。

图1.77 拆卸护罩

⑤ 拧出螺栓1、2、3，然后取下发动机支撑，如图1.78所示。

⑥ 拧出螺栓（图1.79中箭头所指的零件），并取下排气凸轮轴调节器盖板。

注意：为了保护齿形皮带，须在凸轮轴调节器下，放一块清洁布来吸收溢出的发动机润滑油。

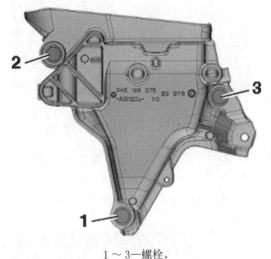

1～3—螺栓。

图1.78 拆卸发动机支撑　　　　　　图1.79 拆卸排气凸轮轴调节器盖板

⑦ 使用带转接头的固定工具T10172拧出进气侧凸轮轴齿轮上的螺旋塞。拆卸进气凸轮轴调节器螺旋塞如图1.80所示。

⑧ 使用带转接头的固定工具T10172将螺栓松开大约一圈。旋松螺栓如图1.81所示。

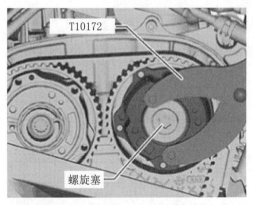
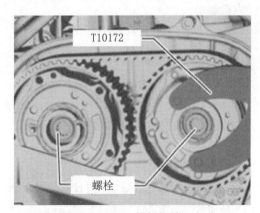

图1.80 拆卸进气凸轮轴调节器螺旋塞　　　　　　图1.81 旋松螺栓

⑨ 使用扭力扳手接头T10500松开螺栓。

使用开口宽度为30的梅花扳手T10499，张紧偏心轮上的张紧轮。

从凸轮轴齿轮上取下齿形皮带，拧下张紧轮的紧固螺栓，取下张紧轮。拆卸齿形皮带及张紧轮如图1.82所示。

⑩ 拧出螺栓，取下凸轮轴齿轮和导向管。拆卸凸轮轴齿轮如图1.83所示。

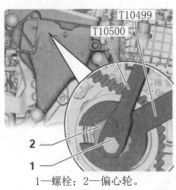

1—螺栓；2—偏心轮。

图1.82 拆卸齿形皮带及张紧轮

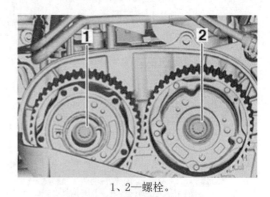

1、2—螺栓。

图1.83 拆卸凸轮轴齿轮

⑪ 取下曲轴齿形皮带轮。拧出螺栓（图1.84中箭头所指的零件），并取下导向轮。

⑫ 按照图1.85中的5→1的顺序松开螺栓并将其拧出，拆下冷却液泵和齿形皮带。

图1.84 拆卸曲轴皮带轮

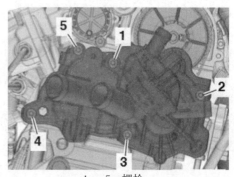

1～5—螺栓。

图1.85 拆卸冷却液泵

⑬ 按照图1.86中的15→1的顺序松开凸轮轴壳体的螺栓并将其拧出，小心地断开粘接件并取下凸轮轴壳体。

⑭ 将滚子摇臂和补偿元件一起取出并置于一块干净的垫子上，如图1.87所示。为了方便重新安装，我们需要标记滚子摇臂和补偿元件的安装位置。

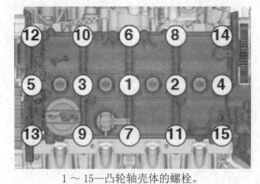

1～15—凸轮轴壳体的螺栓。

图1.86 拆卸凸轮轴壳体

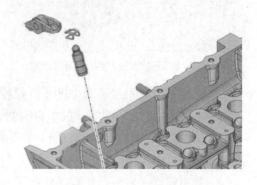

图1.87 拆卸滚子摇臂和补偿元件

⑮ 按照图1.88中的1→10的顺序松开气缸盖的螺栓并将其拧出，取下气缸盖并置于一块软垫上（泡沫塑料）。

⑯ 取下气缸盖衬垫，如图1.89所示。

1～10—气缸盖的螺栓。

图1.88 拆卸气缸盖

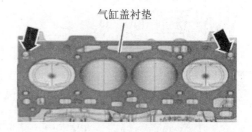

图1.89 拆卸气缸盖衬垫

⑰ 在气缸盖上安装导板VAS 5161A/32N，并用滚花螺栓VAS 5161/12将其拧紧。在导板中装入锤芯FVS 5161/3T并用橡胶锤敲松固定的气门锁销，如图1.90所示。

⑱ 用挂叉VAS 5161/5将棘爪VAS 5161/6拧入导板中，在导板中装入装配套筒FNS 5161A/32-2N1和套筒VAS 5161A/32-1，在棘爪上挂入压叉VAS 5161A/2并向下压装配套筒。同时，向右旋转装配套筒的滚花螺栓，直至顶部卡入气门锁销。

转动左右两侧的滚花螺栓，从而使气门锁销相互挤压并装入到装配套筒中。然后，松开压叉，取出装配套筒，拧下导板并转至一侧，如图1.91所示。

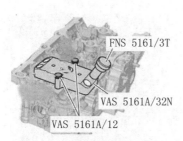

图1.90 拆卸气门锁销（1）

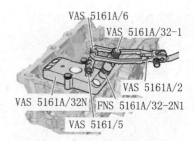

图1.91 拆卸气门锁销（2）

⑲ 取下气门弹簧和气门弹簧座，用气门杆钳VAS 6770拔出气门杆密封圈，如图1.92所示。

⑳ 取下气门，按照上面的操作过程取下所有的气门，如图1.93所示。为了方便重新安装，需要标记气门的安装位置。

图1.92 拆卸气门弹簧及密封圈

图1.93 拆卸气门

㉑ 按照图1.94中的19→1的顺序松开螺栓并将其拧出，将图1.94中箭头所指的位置用合适的螺丝刀撬起油底壳下部件，取下并规范摆设。

㉒ 松开润滑油泵驱动链轮的盖板（图1.95中箭头所指的零件）。

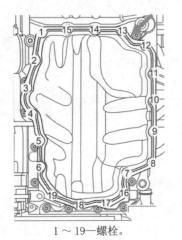

1～19—螺栓。

图1.94 拆卸油底壳下部件

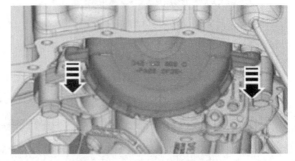

图1.95 拆卸润滑油泵盖板

㉓ 拧出螺栓（图1.96中箭头所指的零件），取出驱动链下方的润滑油泵及其驱动链轮。

㉔ 按照图1.97中19→1的顺序松开螺栓并拧出，取下油底壳上部件和润滑油防溅板。

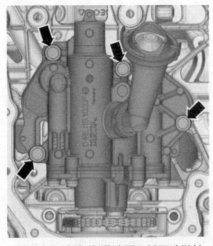

图1.96 拆卸润滑油泵及其驱动链轮

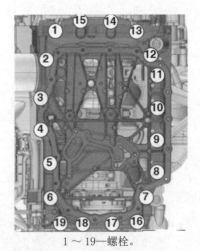

1～19—螺栓。

图1.97 拆卸油底壳上部件

㉕ 分别拆卸1缸和4缸，以及2缸和3缸之间的连杆瓦盖的螺栓，分别取出活塞连杆组，如图1.98所示。

为了保证重新组装时活塞连杆组的方向正确，应做相应标记，记录连杆、连杆盖及连杆轴承的整体位置。

㉖ 按照标记，将活塞连杆组（连杆盖及连杆轴承）放置成原始状态，等待安装时使用，如图1.99所示。

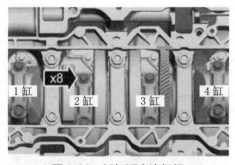

图1.98 拆卸活塞连杆组

图1.99 标记活塞连杆组

㉗ 拧出螺栓（按照图1.100中1→8的顺序）并取下密封法兰、润滑油泵驱动链轮及链条。

㉘ 在气缸体的孔中插入飞轮锁止工具3067，松开飞轮螺栓并拧出，然后取下飞轮，如图1.101所示。

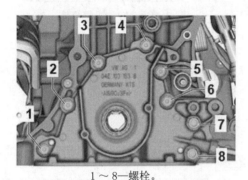

1～8—螺栓。

图1.100 拆卸曲轴前密封法兰

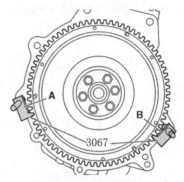

图1.101 拆卸飞轮

㉙ 按照图1.102中1→6的顺序拧出密封法兰的紧固螺栓。

㉚ 将3个M6×35 mm螺栓（图1.103中箭头所指的零件）旋入密封法兰的螺纹孔中。

交替地拧出（每个螺栓最多1/2圈，即180°）密封法兰中的螺栓，将密封法兰与传感器轮从曲轴上一起压出。

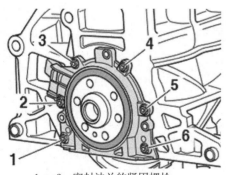

1～6—密封法兰的紧固螺栓。

图1.102 拆卸曲轴后密封法兰（1）

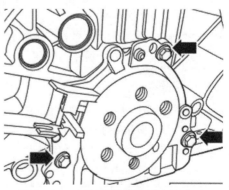

图1.103 拆卸曲轴后密封法兰（2）

发动机解体

㉛ 拆卸润滑油喷嘴的固定螺栓，拆卸时不得弯折润滑油喷嘴，如图1.104所示。

㉜ 不允许松动曲轴主轴承盖螺栓，曲轴主轴承盖螺栓松动会导致发动机气缸体（如图1.105所示）的轴承座变形。轴承座变形会导致轴承间隙变小。即使不更换轴瓦，也可能因为轴承间隙变化导致轴承损坏。

如果轴承盖的螺栓松动，必须一同更换气缸体和曲轴。

图 1.104 拆卸润滑油喷嘴的固定螺栓

图 1.105 发动机气缸体

1.4.3 任务实施与评价

本任务为发动机解体，具体实施内容如表1.10所示。

表1.10 任务实施

项目	内容
任务名称	发动机解体
任务目标	说明发动机解体的注意事项； 掌握发动机解体的步骤
时间安排	60 分钟
实施环境	一体化实训室
工具、设备	发动机； 发动机拆装专用工具； 发动机拆装通用工具； 清洁布； 记号笔；等等
分组安排	每组 6～8 人
注意事项	注意清洁

本任务的技能评价如表 1.11 所示。

表1.11 技能评价

序号	作业说明	作业内容	配分	评分标准	扣分	得分
1	正时皮带及正时齿轮的拆卸	检查部件的拆卸顺序是否正确	10	视情况扣分		
2	凸轮轴壳体的拆卸	检查螺栓的拆卸顺序是否正确	10	错误扣 10 分		
		检查是否标记滚子摇臂和补偿元件的安装位置	10	视情况扣分		
3	气缸盖的拆卸	检查螺栓的拆卸顺序是否正确	10	错误扣 10 分		
4	油底壳下部件的拆卸	检查螺栓的拆卸顺序是否正确	10	错误扣 10 分		
		检查使用螺丝刀撬起位置是否正确	5	错误扣 5 分		
5	油底壳上部件的拆卸	检查是否按顺序拧松螺栓	10	错误扣 10 分		
6	飞轮的拆卸	检查专用工具使用的是否正确	5	错误扣 5 分		
7	曲轴后部密封圈的拆卸	检查拆卸曲轴后部密封圈的螺栓顺序是否正确	5	错误扣 5 分		
		检查拆卸方法是否正确	10	视情况扣分		
		检查工具的使用是否正确	15	错误一项扣 2.5 分		
8	熟练程度		10	在操作正确和数据准确的基础上，如果提前完成任务，则每提前 1 分钟加 1 分（只计整数）		
9	合计		110			

1.4.4 任务小结

通过本任务的学习，你掌握了哪些知识？请将思考的问题记录在表 1.12 中并进行结果检验。

表 1.12 任务小结

序号	问题	自检结果
1		

续表

序号	问题	自检结果
2		
3		
4		
5		
6		
7		
8		
9		
10		

思考题

1. 如果发动机润滑油底壳螺丝滑牙，那是什么原因造成的？

2. 为什么柴油机的压缩比比汽油机的压缩比大？

3. 四冲程汽油机和柴油机的工作原理有哪些异同点？

4. 发动机解体时，需要按照厂家规定拆下成组螺栓的零部件有哪些？为什么？

项目二
曲柄连杆机构的结构与维修

📖 项目导入

客户委托：一辆大众迈腾汽车配置 EA888 1.8T 的发动机，已经行驶 120 000 km，汽车多次出现水温报警灯亮起等现象，客户要求解决这个故障。

请思考：汽车为什么会缺失冷却液？

📖 学习目标

1. 知识目标

◎ 说明机体组的功用及组成；
◎ 说明气缸盖常见的损伤及检查方法；
◎ 说明活塞连杆组的功用及组成；
◎ 说明活塞常见的损伤及检查方法；
◎ 说明连杆常见的损伤及检查方法；
◎ 说明曲轴飞轮组的功用及组成；
◎ 说明曲轴常见的损伤及检查方法；
◎ 说明平衡轴的作用及分类；
◎ 说明平衡轴的常见损伤。

2. 技能目标

◎ 完成气缸盖平面度的测量；
◎ 完成气缸盖的安装；
◎ 完成气缸体的裂纹检测；
◎ 完成气缸磨损的检测；
◎ 完成活塞与活塞环的装配；
◎ 完成活塞销的装配；
◎ 完成活塞环的测量；
◎ 完成曲轴与连杆的装配；
◎ 完成曲轴轴颈磨损的测量；
◎ 完成平衡轴的装配；
◎ 完成平衡轴间隙的调整。

3. 素养目标

◎ 培养团队的合作意识和能力；
◎ 养成规范作业和安全工作的习惯；
◎ 建立沟通意识和能力；
◎ 培养自主解决问题的能力。

学习任务一：机体组的结构与维修

2.1.1 知识准备

机体组是发动机的支架，是曲柄连杆机构、配气机构和发动机各系统主要零部件的装配机体。

机体组主要由气门盖罩、气缸盖、气缸衬垫、气缸体和油底壳等组成，如图2.1所示。

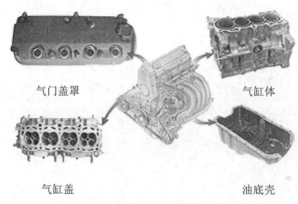

图 2.1 机体组

（1）气门盖罩。气门盖罩（如图2.2所示）是封闭气门机构的盖子，是发动机最上部分的密封构件，用来防止润滑油飞溅出来，以免造成润滑油损耗及污染发动机。

气门盖罩还可以阻止外界的灰尘污染气门机构并能阻止气门机构的运动噪声传出来，从而降低整机的噪声。

（2）气缸盖。气缸盖（如图2.3所示）的主要作用是封闭气缸上部，与活塞顶部和气缸壁一起构成燃烧室。气缸盖上有火花塞安装孔、气门座座孔、气门导管安装孔、进气通道和排气通道等。

气缸盖内铸有冷却水套，气缸盖下端面与气缸体上端面所对应的水套是相通的，利用冷却水的循环来冷却燃烧室壁等高温部分。

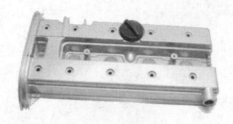

图 2.2 气门盖罩

图 2.3 气缸盖

气缸盖有整体式、分体式和单体式三种结构形式：

① 整体式气缸盖。在多缸发动机中，如果整列气缸共用一个气缸盖，则该气缸盖为整体式气缸盖，如图2.4所示。通常，缸径小于110 mm的发动机多采用整体式气缸盖。

整体式气缸盖的优点是结构紧凑，可以缩短气缸的中心距；其缺点是刚度小，制造和维修不便。

图2.4　整体式气缸盖

② 分体式气缸盖。在多缸发动机中，如果整列气缸的每两个气缸共用一个气缸盖或每三个气缸共用一个气缸盖，则该气缸盖为分体式气缸盖，如图2.5所示。通常，缸径大于110 mm且小于150 mm的发动机采用分体式气缸盖。

③ 单体式气缸盖。在多缸发动机中，如果每个气缸有一个气缸盖，则该气缸盖为单体式气缸盖，如图2.6所示。通常，缸径大于150 mm的发动机多采用单体式气缸盖。

单体式气缸盖的特点是刚度大，制造修理方便，结构比较复杂。

燃烧室由活塞顶部及气缸盖上相应的内部空间组成。根据燃烧室的形状不同，燃烧室可以分为半球形燃烧室、楔形燃烧室和盆形燃烧室。

图2.5　分体式气缸盖

图2.6　单体式气缸盖

① 半球形燃烧室。半球形燃烧室（如图2.7所示）的结构紧凑，火花塞布置在燃烧室中央，具有火焰行程短，燃烧速率高，散热少，热效率高等特点。

半球形燃烧室在结构上也允许气门双行排列，进气口直径较大，充气效率比较高，虽然这种结构使配气机构变得比较复杂，但有利于排气净化，因此在发动机上被广泛地应用。

② 楔形燃烧室。楔形燃烧室（如图2.8所示）的结构简单、紧凑，散热面积小，热损失也小，能够保证混合气体在压缩行程中形成良好的涡流运动，有利于提高混合气体的混合质量；而进气阻力小，有利于提高充气效率。

楔形燃烧室的气门排成一列，这种结构使配气机构变得简单，但火花塞置于楔形燃烧室的高处，火焰传播距离长，燃烧速率差一些。

③ 盆形燃烧室。盆形燃烧室（如图2.9所示）的气缸盖工艺性好，制造成本低，但因气门直径易受限制，进气和排气效果要比半球形燃烧室差。

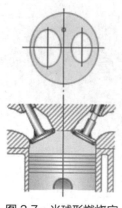 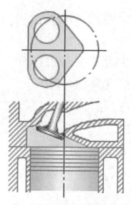 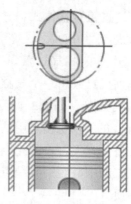

图2.7 半球形燃烧室　　　　图2.8 楔形燃烧室　　　　图2.9 盆形燃烧室

（3）气缸衬垫。气缸盖与气缸体之间装有气缸衬垫（如图2.10所示），其作用是保证气缸盖与气缸体之间的密封性，防止燃烧室漏气和水套漏水。

气缸垫在高温高压和高腐蚀的燃气条件下，应具有足够的强度、耐热性和耐腐蚀性，以及具有一定的弹性，能够补偿结合面的不平度，以保证气缸盖与气缸体之间的密封性。通常，气缸垫主要有金属石棉和金属片两种。

① 金属石棉气缸垫。金属石棉气缸垫（如图2.11所示）以石棉为基体，在石棉中间夹有金属丝或金属屑，且外覆铜皮或钢皮。

金属石棉气缸垫的一般厚度为1.2～2 mm。其优点是有很好的弹性和耐热性，能反复使用；缺点是强度较差，厚度和质量也不均匀。

 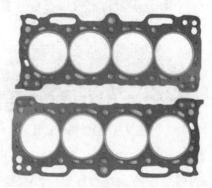

图2.10 气缸衬垫　　　　　　　图2.11 金属石棉气缸垫

② 金属片气缸垫。金属片气缸垫（如图2.12所示）采用实心金属片制成，多用在高强化发动机上。

金属片气缸垫在需要密封的气缸孔、水孔和油孔周围冲压出一定高度的凸纹，利用凸纹的弹性变形来实现气缸盖和气缸体之间的密封性。其优点是强度高，密封效果好；缺点是成本较高。

（4）气缸体。气缸体（如图2.13所示）是发动机的主体，它将各个气缸和曲轴箱连成一体，是安装活塞、曲轴、其他零件和附件的支承骨架，气缸体的材质有铸铁和铝合金两种。

气缸体上部排列出所有气缸，气缸体内镶入气缸套来形成气缸工作表面，气缸套周围的空腔相互连通构成水套。气缸体下部是用来支承曲轴的曲轴箱。

按照气缸体与油底壳安装平面的位置不同，气缸体可以分为平底式、龙门式和隧道式三种。

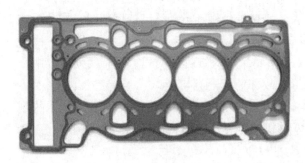

图2.12 金属片气缸垫

图2.13 气缸体

① 平底式气缸体。油底壳安装平面和曲轴旋转中心在同一高度的气缸体称为平底式气缸体，如图2.14所示。

平底式气缸体的优点是机体高度小，重量轻，便于加工，曲轴拆装方便；缺点是刚度和强度较差，机体前后端与油底壳之间的密封较复杂。

② 龙门式气缸体。油底壳安装平面低于曲轴旋转中心的气缸体称为龙门式气缸体，如图2.15所示。

龙门式气缸体的优点是强度和刚度较好，能承受较大的机械负荷，机体前后端与油底壳之间的密封较简单；缺点是工艺性差，结构笨重等。

③ 隧道式气缸体。隧道式气缸体（如图2.16所示）的曲轴主轴承孔为整体式，采用滚动轴承。由于主轴承孔较大，故曲轴从气缸体后部装入。

隧道式气缸体的优点是结构紧凑、刚度和强度好；缺点是加工精度要求高，工艺性较差，曲轴拆装不方便，因为它必须使用滚动轴承，所以限制了其在高速发动机上的使用。

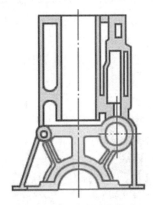

图2.14 平底式气缸体

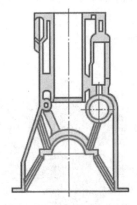

图2.15 龙门式气缸体

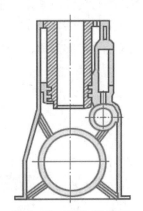

图2.16 隧道式气缸体

按照气缸的排列方式不同，气缸体可分成直列式、V形、W形、水平对置式和星形等形式。

① 直列式气缸体。直列式气缸体（如图2.17所示）的气缸排成一列。直列式气缸体的优点是成本低，结构简单，运转平衡性好，体积小，稳定性高，低速扭矩特性好，燃料消耗少，尺寸紧凑，应用比较广泛等；缺点是当排气量和气缸数增加时，发动机的长度将大大增加，一般6缸以下的发动机多采用直列式气缸体。

② V形气缸体。V形气缸体（如图2.18所示）的气缸排成两列，左右两列气缸中心线的夹角γ<180°，从侧面看气缸呈V字形，故称V形气缸体。

与直列式气缸体相比，V形气缸体缩短了机体的长度和高度，增加了气缸体的刚度，减轻了发动机的重量，但也加大了发动机的宽度，且形状较复杂，加工困难，一般用于6缸以上的发动机。

图2.17 直列式气缸体

图2.18 V形气缸体

③ W形气缸体。W形气缸体是德国大众专属的发动机技术。W形气缸体与V形气缸体相比，气缸体和曲轴要短些，这样就能节省发动机所占的空间；同时，发动机的重量也可以减轻，但W形气缸体的宽度更大，占用发动机室的空间较多。

④ 水平对置式气缸体。水平对置式气缸体（如图2.19所示）的气缸排成两列，左右两列气缸在同一水平面上，活塞平均分布在曲轴两侧，在水平方向上左右运动。水平对置式气缸体使发动机的整体高度降低、长度缩短、整车的重心降低，车辆行驶更加平稳；发动机安装在整车的中心线上，两侧活塞产生的扭矩相互抵消，这样能极大地降低车辆在行驶中的振动，使发动机的转速得到很大提升，进而减少噪声。

图2.19 水平对置式气缸体

水平对置式气缸体除了结构较为复杂以外,还有润滑油润滑等问题也很难解决。因为横置的气缸体受重力的影响,会使润滑油流到底部,使一侧的气缸得不到充分的润滑。而活塞水平放置和其自身重力的作用,使其与气缸套的摩擦程度不一样,一般来说,气缸套底部的磨损会多一些。

⑤ 星形气缸体。星形气缸体(如图2.20所示)是气缸环绕曲轴排列的一种往复式发动机,其活塞通过一根主连杆连接到曲轴上,最上方的活塞连接的连杆即为主连杆,其他活塞的连杆则称为活节式连杆,它们通过销孔连接在主连杆中央位置的环上。

星行气缸体的可靠性高,重量轻,功率提升潜力大,维修性和生存性也较好。一般来说,星形气缸体的气缸组个数是奇数。

图2.21所示为气缸体,按照有无气缸套,气缸体可分为整体式气缸体和有气缸套式气缸体。

图2.20 星形气缸体

图2.21 气缸体

① 整体式气缸体。整体式气缸体的气缸直接镗在气缸体上。其优点是强度和刚度比较好,能承受较大的负荷;缺点是对材料要求高,成本高。

② 有气缸套式气缸体。有气缸套式气缸体中的气缸套是可以安装到气缸体内的单独的圆筒形零件,采用耐磨的优质材料制成,其制造成本低,便于修理和更换,气缸体的使用寿命长。

气缸套又可以分为干式气缸套和湿式气缸套两种。

a.干式气缸套。干式气缸套(如图2.22所示)的特点是气缸套装入气缸体后,其外壁不直接与冷却水接触,而和气缸体的壁面直接接触,壁厚较薄,一般为1~3 mm。

干式气缸套的强度和刚度都比较好,但加工比较复杂,内表面和外表面都需要进行精加工,拆装不方便,散热不良。

b.湿式气缸套。湿式气缸套(如图2.23所示)的特点是气缸套装入气缸体后,其外壁直接与冷却水接触,气缸套仅在上、下各有一个圆环地带和气缸体接触,壁厚一般为5~9 mm。

湿式气缸套的优点是,散热良好,冷却均匀,加工容易,通常只需要精加工内表面,而与水接触的外表面不需要加工,拆装方便;其缺点是强度、刚度都不如干式气缸套好,而且容易漏水。

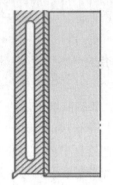

图2.22 干式气缸套

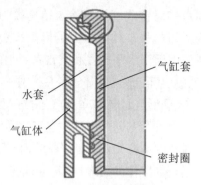

图2.23 湿式气缸套

（5）油底壳。油底壳（如图2.24所示）是曲轴箱的下半部，又称为下曲轴箱。

油底壳的作用是作为储油槽的外壳封闭曲轴箱，防止杂质进入，收集和储存发动机各摩擦表面流回的润滑油，散去部分热量，防止润滑油氧化。

油底壳内部装有稳油挡板，可以避免车辆颠簸时造成的油面震荡激溅，有利于润滑油杂质的沉淀，油底壳底部的最低处还装有放油螺塞。

图2.24 油底壳

2.1.2 任务训练

1.气缸盖的检修及安装

气缸盖常见的损伤有气缸盖的裂纹、气缸盖的翘曲变形等，一般通过气缸盖的裂纹检测和气缸盖平面度检测来确定。

（1）气缸盖的损伤及产生的原因。

① 气缸盖的裂纹。气缸盖的裂纹（如图2.25所示）经常出现在气门座或气门座圈及火花塞螺孔之间。

气缸盖的结构复杂，壁厚不均匀，在高温、高压下各部位的热负荷都不相同，进而引起热应力的产生；同时，气缸盖还要承受很大的机械应力，导致局部出现应力集中使气缸盖产生裂纹。

② 气缸盖的翘曲变形。气缸盖的翘曲变形（如图2.26所示）主要有进气歧管平面变形、排气歧管侧平面变形和气缸盖下平面变形。

③ 气缸盖的翘曲变形产生的原因是：扭紧螺栓时扭力过大或扭力不均，不按照规定顺序扭紧螺栓，在高温下拆卸气缸盖等。

图2.25 气缸盖的裂纹

图2.26 气缸盖的翘曲变形

气缸盖下平面（气缸体上平面）过度变形都会导致气缸垫密封不严，而且烧蚀、变形的位置不同，会使发动机的油道、水道和气缸之间互相导通。

（2）气缸盖损伤的检测与维修。气缸盖的裂纹检测方法有两种：一是将气缸盖清洗干净之后，目视检测是否有明显裂纹的地方，如图2.27所示；二是使用染色渗透剂进行检查，将染色渗透剂喷于被检查的部位，片刻之后将其擦干净。如果染色渗透剂渗入内部，则说明该处有裂纹存在。

当气缸盖的裂纹较小时，可以进行修补（如粘接、焊接等）。如果气缸盖的裂纹处很多或者裂纹比较严重（如裂纹长度大于50 mm）时，应更换气缸盖。

气缸盖的翘曲变形的检测方法主要有气缸盖的平面度检测以及进气歧管和排气歧管侧平面的平面度检测。在检测时，要使用刀口尺和塞尺（也称厚薄规）。

气缸盖平面度的检测方法有以下两种。

① 清洁气缸盖后目视检测。首先，使用清洗剂清洁气缸盖；其次，使用压缩空气及无尘布将气缸盖彻底清洁，清洁后目视检测气缸盖有无裂纹，如图2.28所示。

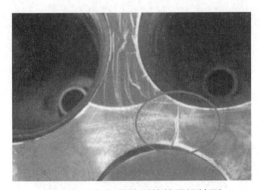
图2.27 气缸盖的裂纹的目视检测

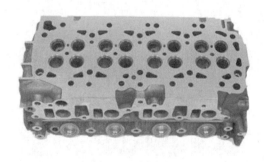
图2.28 清洁后目视检测气缸盖有无裂纹

② 气缸盖下平面的平面度检测。

工具：刀口尺和塞尺。使用前清洁刀口尺和塞尺，使用刀口尺时轻拿轻放。

检测方法。首先，使用刀口尺和塞尺在气缸盖下平面的7个方向上测量平面度；其次，使用塞尺0.10 mm测量片在横向5条线（包括对角交叉线2条）各测5个点，竖向2条线各测3个点，一共有31个测量点。气缸盖下平面的平面度的检测如图2.29所示。

气缸盖的检测

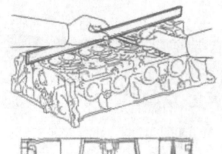

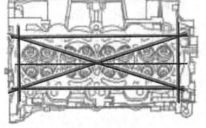

图 2.29 气缸盖下平面的平面度检测

在测量各点间隙时,如果塞尺0.10 mm测量片不能或者很难插入到刀口尺和气缸盖下平面之间的缝隙中,则说明气缸盖下平面变形没有超过最大极限值;如果测量片插入时阻力很小或者没有阻力,则说明气缸盖下平面变形已经超过最大极限值,需要进行修磨或者更换。

(3)气缸盖的安装。气缸盖的安装方法如下:

① 清洁气缸体的上平面(如图2.30所示),将气缸盖衬垫安装在气缸体内的定心销中。

② 清洁气缸盖的下平面并准备安装。

注意:在标记气缸盖衬垫的安装位置时,必须可以从上部读取零件号。

③ 安装气缸盖的具体操作步骤。安装气缸盖前将图2.30所示的气缸的活塞调至上止点,再略微往回旋转曲轴。

安装气缸盖,装入新的气缸盖并紧固螺栓,按照图2.31所示的1→10的顺序分2至4次拧紧10个气缸盖的紧固螺栓:

第一步:40 N·m;

第二步:+90°;

第三步:+90°;

第四步:+90°。

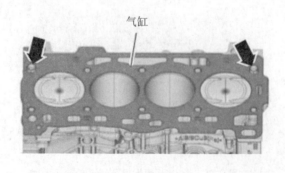

图 2.30 清洁气缸体的上平面

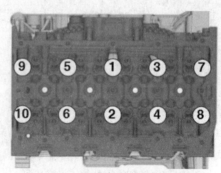

1~10—气缸盖的紧固螺栓。

图 2.31 气缸盖的安装

气缸盖的安装

注意:① 在气缸体上的气缸盖螺栓孔中不允许有润滑油或冷却液,否则可能会损坏气缸体。

② 在安装气缸盖时要轻拿轻放,平稳放置在气缸体上,避免磕碰而损坏气缸垫。如果气缸盖第一次加的角度超过90°,则禁止将螺栓松开,当气缸盖第二次旋转

90°时进行调整。

2.气缸体的检测与维修

（1）气缸体常见的损伤及原因。

① 气缸体开裂。气缸体开裂（如图2.32所示）并不常见，主要原因是发动机受到外力或机体组有瑕疵导致的。

② 气缸磨损。气缸磨损（如图2.33所示）是最常见的损伤。气缸磨损后会导致烧润滑油，冒蓝烟，发动机的动力不足，油耗增高等损伤。

造成气缸磨损的原因有以下几点：

a.汽车行驶的里程过长。

b.发动机润滑不良，如 润滑油品质过低、润滑油过脏等。

c.发动机温度过高。

d.进气系统有杂质等。

图2.32 气缸体开裂

图2.33 气缸磨损

气缸在正常磨损时，呈现上大下小，锥形磨损，如图2.34所示。由于气缸上部受到高温和高压的影响，使得发动机润滑变差，因此气缸上部磨损最为严重。

③ 气缸拉缸。新的或大修后未经磨合的气缸直接投入作业时，由于气缸和活塞表面凹凸不平，运动时相互嵌入产生磨料磨损，在气缸表面产生平行于气缸的轴线拉痕，或者出现活塞环断裂、发动机高温、润滑不良等现象，从而造成气缸拉伤，称为气缸拉缸，如图2.35所示。

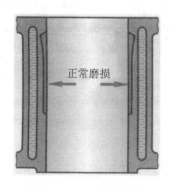

图2.34 气缸正常磨损

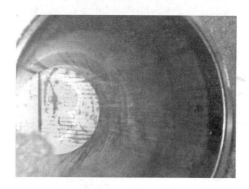

图2.35 气缸拉缸

（2）气缸磨损的检测方法。气缸磨损是气缸体最常见的损伤，下面介绍气缸磨损的检测方法。

① 气缸清洗。如图2.36所示，气缸中的油污使用清洗液进行热清洗，油道用专用清洁刷和热肥皂水清洗。在清洗气缸时，需要注意以下几点：

a.铝合金气缸不能使用碱性清洗液清洗。

b.气缸清洗后用清水冲刷，以免残留的清洗液腐蚀机件。

c.气缸清洗后在加工表面涂润滑油来防锈，油道清洁后，将曲轴放油油堵装好用来防污。

② 气缸圆度与圆柱度的检测。

a.工具：量缸表，使用前要安装校对量缸表；

b.检测方法：使用量缸表测量数据。图2.37所示为气缸的测量方法，测量3个高度位置（上、中、下），2个方向（纵向和横向），一共6个部位；

c.圆度计算。每个测量截面都需要计算圆度，计算方法为：max（横向直径–纵向直径）/2。

d.圆柱度计算。max（3个测量截面中任意两个截面之间的max横向直径–min纵向直径）/2。

e.汽油机的圆度误差超过0.05 mm或者圆柱度误差超过0.175 mm时（以其中磨损量最大的气缸为准），视情况进行修理尺寸法镗缸或者更换缸套修理。

f.气缸修理尺寸的确定方法。先测量磨损最大的气缸的最大磨损直径，加上加工余量（以直径计算一般为0.1～0.2 mm），然后选取与此数值相适应的一级修理尺寸（具体尺寸可以参考相关的汽车维修手册）。

图2.36 清洗气缸

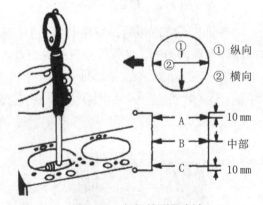

图2.37 气缸的测量方法

③ 量缸表的结构组成。量缸表（如图2.38所示）也称为内径百分表，其基本组成有：百分表、表杆（表杆上有绝热套，用来安装百分表）、活动测量头和接杆。

注意：在使用任何工具之前，必须清洁量缸表。

④ 量缸表的设置。在测量之前，测量工具以及测量工件都必须经过清洁，否则会造成测量失准。

a.使用游标卡尺测量气缸直径,并记录尺寸,如图2.39所示。根据游标卡尺的测量数据,选择对应长度的接杆,并与活动测量头连接。

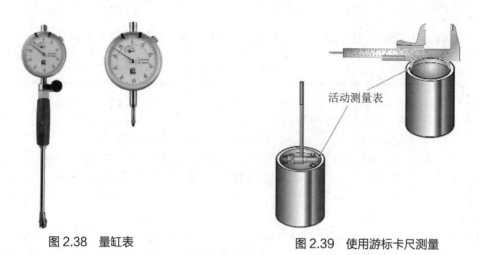

图2.38 量缸表　　　　　　　　图2.39 使用游标卡尺测量

b.将千分尺的尺寸调整至标准气缸尺寸(具体尺寸可以参考相关的汽车维修手册)。

c.将量缸表的活动测量头,放置在千分尺上,然后调整量缸表的表头,使其大表针与0对齐,如图2.40所示。

注意:量缸表的表头小指针应预加载至1 mm的位置上。

⑤ 量缸表的操作。

a.用干净的清洁布擦净气缸套的表面。

b.一手拿住隔热套,另一只手托住气缸下部靠近本体的地方。

c.把量缸表的活动测量头一端先压入气缸后,再使接杆一端进入气缸内,前后摆动量缸表。量缸表的操作方法如图2.41所示。

测量时需要注意,只有使量缸表的表杆同气缸轴线保持垂直,才能测量准确。前后摆动量缸表,当表针指示到最小数字时,即表示表杆已垂直于气缸轴线,读取并记录测量值。

气缸体的检测

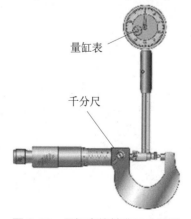

图2.40 量缸表的基准尺寸设置

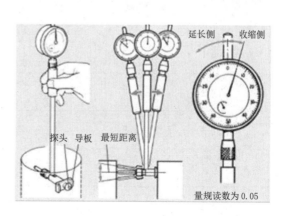

图2.41 量缸表的操作方法

2.1.3 任务实施与评价

1. 气缸盖下平面的平面度检测

本任务为气缸盖下平面的平面度检测,具体实施内容如表 2.1 所示。

表2.1 任务实施

项目	内容
任务名称	气缸盖下平面的平面度检测
任务目标	掌握气缸盖的下平面的平面度测量方法
时间安排	60 分钟
实施环境	一体化实训室
工具、设备	刀口尺; 塞尺; 气缸盖; 清洁布;等等
分组安排	每组 6~8 人
注意事项	注意清洁

本任务的任务实施记录如表 2.2 所示。

表2.2 任务实施记录

测量位置	序号						
	1	2	3	4	5	6	7
横向 1							
横向 2							
横向 3							
交叉 1							
交叉 2							

续表

测量位置	序号						
	1	2	3	4	5	6	7
竖向1							
竖向2							
交叉点							

要求：气缸盖平面度不允许超过使用极限（气缸盖的平面度不大于0.10 mm），具体参数可参考相关的汽车维修手册。如果气缸盖的平面度超出使用范围，则可参考相关的汽车维修手册更换或进行修磨处理。

本任务的技能评价如表2.3所示。

表2.3 技能评价

序号	作业说明	作业内容	配分	评分标准	扣分	得分
1	测量前的准备工作	清洁刀口尺	4	错误扣4分		
		清洁塞尺	4	错误扣4分		
		清洁气缸盖	4	错误扣4分		
		检查气缸盖是否有裂纹	3	未检查扣3分		
2	气缸盖的平面度测量	检查测量手法是否正确	15.5	错误一项扣0.5分		
		检查测量部位是否正确	31	错误一项扣1分		
		检查测量结果是否正确	31	错误一项扣1分		
		文明操作	5	有不文明操作的，酌情扣分		
3	处理意见	判断是否需要修理气缸盖	2.5	判断错误扣2.5分		
4	熟练程度	考核时间为55分钟	10	在操作正确和数据准确的基础上，如果提前完成任务，则每提前1分钟加1分（只计整数）		
5	合计		110			

2. 气缸盖的安装

本任务为气缸盖的安装，具体实施内容如表2.4所示。

表2.4 任务实施

项目	内容
任务名称	气缸盖的安装
任务目标	掌握气缸盖的安装方法
时间安排	60分钟
实施环境	一体化实训室
工具、设备	发动机； 扭力扳手； 角度盘； 120件套； 清洁布；等等
分组安排	每组6~8人
注意事项	注意拆装安全； 注意清洁

本任务的技能评价如表2.5所示。

表2.5 技能评价

序号	作业说明	作业内容	配分	评分标准	扣分	得分
1	安装前的准备	清洁气缸体的上平面	5	未清洁扣5分		
		正确放置气缸垫	10	放置错误扣10分		
2	安装气缸盖	清洁气缸盖的下平面	5	未清洁扣5分		
		将1缸的活塞调至上止点，然后再略微往回转曲轴	10	操作错误扣10分		
		检查安装的气缸盖是否有磕碰	10	视情况，酌情扣分		
		紧固扭矩	10	操作错误扣10分		
		螺栓第一次旋转90°	10	旋转方向错误一次扣1分		

续表

序号	作业说明	作业内容	配分	评分标准	扣分	得分
2	安装气缸盖	螺栓第二次旋转90°	10	旋转方向错误一次扣1分		
		螺栓第三次旋转90°	10	旋转方向错误一次扣1分		
		检查气缸盖螺栓的紧固顺序	10	紧固顺序错误一次扣1分		
		文明操作	10	有不文明操作的，酌情扣分		
3	熟练程度	考核时间为55分钟	10	在操作正确和数据准确的基础上，如果提前完成任务，则每提前1分钟加1分（只计整数）		
4	合计		110			

3.气缸磨损的检测

本任务为气缸磨损的检测，具体实施内容如表2.6所示。

表2.6 任务实施

项目	内容
任务名称	气缸磨损的检测
任务目标	掌握气缸磨损检测的步骤与方法；掌握量缸表的使用方法
时间安排	60分钟
实施环境	一体化实训室
工具、设备	量缸表；千分尺；游标卡尺；气缸体；清洁布；等等
分组安排	每组6~8人
注意事项	注意清洁

本任务的任务实施记录如表2.7所示。

表2.7 任务实施记录

气缸轴线方向的测量截面位置	1缸		2缸		3缸		4缸	
	横向	纵向	横向	纵向	横向	纵向	横向	纵向
上部								
中部								
下部								
圆度								
圆柱度								
最大直径								

要求：气缸轴线方向的圆度和圆柱度不允许超过使用极限（汽油机的圆度误差为0.05 mm，汽油机的圆柱度误差为0.175 mm），具体参数可以参考相关的汽车维修手册。若气缸轴线方向的圆度和圆柱度的误差范围超出使用极限，则可对气缸套进行更换或镗磨、镶套，读者可以参考相关的汽车维修手册更换或进行镗磨、镶套。

本任务的技能评价如表2.8所示。

表2.8 技能评价

序号	作业说明	作业内容	配分	评分标准	扣分	得分
1	测量前的准备工作	清洁气缸	3	未操作扣3分		
		检查量具	3	未操作扣3分		
		校正外径千分尺	5	未校正或校正不正确扣5分		
		选装合适的接杆	7	选择的接杆不合适，酌情扣分		
		按被测的气缸标准尺寸校表	8	未校正或校正不正确扣8分		
2	测量	检查测量手法是否正确	8	错误一项扣2分		
		检查测量部位是否正确	10	错误一项扣2分		

续表

序号	作业说明	作业内容	配分	评分标准	扣分	得分
2	测量	检查测量数据是否准确（误差范围不超过0.02 mm）	32	错误一项扣2分（允许误差为0.02 mm）		
		文明操作	4	有不文明操作的，酌情扣分		
3	计算	计算气缸圆柱度	5	错误一项扣2分		
		计算气缸圆度	5	错误一项扣2分		
4	处理意见	判断气缸是否需要修理	5	判断错误扣5分		
		如果需要修理气缸，则确定修理级别	5	确定修理级别，错误扣5分		
5	熟练程度	考核时间为55分钟	10	在操作正确和数据准确的基础上，如果提前完成任务，则每提前1分钟加1分（只计整数）		
6	合计		110			

2.1.4 任务小结

通过本任务的学习，你掌握了哪些知识？请将思考的问题记录在表2.9中并进行结果检验。

表2.9 任务小结

序号	问题	自检结果
1		
2		
3		
4		
5		

续表

序号	问题	自检结果
6		
7		
8		
9		
10		

学习任务二：活塞连杆组的结构与维修

2.2.1 知识准备

活塞连杆组（如图2.42所示）的作用是把活塞的往复运动变为曲轴的旋转运动，同时把作用于活塞上的力转变为曲轴对外输出的转矩。活塞连杆组是发动机的传动件，它把燃烧气体的压力传递给曲轴，使曲轴旋转并输出动力。

活塞连杆组主要由活塞、活塞环、活塞销、连杆及连杆轴瓦等组成。

1. 活塞

活塞（如图2.43所示）的作用是与气缸盖、气缸壁等共同组成燃烧室，并承受气缸中的气体压力，通过活塞销将作用力传给连杆，以推动曲轴旋转。

活塞由活塞顶部、活塞头部和活塞裙部组成。

（1）活塞顶部。活塞顶部（如图2.44所示）是燃烧室的组成部分，用来承受气体压力。

根据不同的目的和要求，活塞顶部可以制成各种不同的形状，常见的有平顶活塞、凸顶活塞和凹顶活塞等。

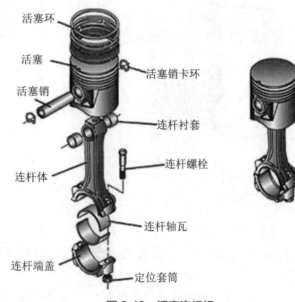

图 2.42　活塞连杆组

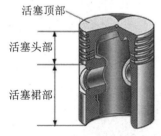

图 2.43　活塞

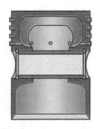  

平顶活塞　　凸顶活塞　　凹顶活塞

图 2.44　活塞顶部

（2）活塞头部。活塞头部（如图2.45所示）是活塞环槽以上的部分，其主要作用是承受气体压力，并传递给连杆，与活塞环一起实现对气缸的密封，将活塞顶部所吸收的热量通过活塞环传给气缸壁。

活塞头部加工有若干环槽，用以安装活塞环，汽油机活塞一般有3～4道环槽，上面2～3道安装气环，下面一道安装油环。

在油环槽底面上钻有若干径向小孔，可以使被油环从气缸壁上刮下来的多余润滑油经过这些小孔流回油底壳。

（3）活塞裙部。活塞环槽以下的部分称为活塞裙部，如图2.46所示。其作用是引导活塞在气缸内做往复运动，并承受侧压力。

活塞裙部的形状一般为桶面-椭圆形，桶的轴线与活塞轴线重合，垂直于轴线的活塞截面外周是椭圆形。

活塞裙部还有活塞销安装座，用于安装活塞销。

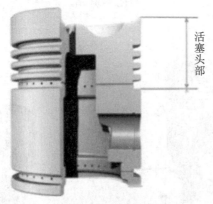

图2.45　活塞头部

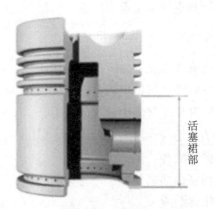

图2.46　活塞裙部

2. 活塞环

图2.47所示为活塞环，它安装在活塞环槽内，用来密封活塞与气缸壁之间的间隙，防止窜气。活塞环除了具有密封作用外，还有调节润滑油（控油）、导热和导向的作用。

一般来说，活塞有3~4个活塞环。按照作用的不同，活塞环分为气环和油环两大类，如图2.48所示。

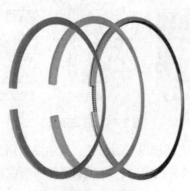

图2.47　活塞环

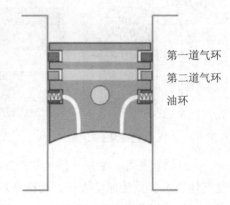

图2.48　气环和油环

(1)气环。气环装在活塞头部上端的环槽内,用来防止漏气,将活塞头部的热量传递到气缸壁,疏散活塞的热量。

按照断面的形状不同,气环可以分为矩形环、锥形环、扭曲环、梯形环和桶面环等,如图2.49所示。

① 矩形环。矩形环的优点是结构简单、制造方便、散热性好;缺点是易产生泵油情况,使润滑油消耗过多;刮油性、磨合性及密封性较差,故现代汽车基本不采用。

② 锥形环。锥形环的优点是与气缸壁的接触为线接触,密封和磨合性较好,刮油作用明显,容易形成油膜以改善润滑;缺点是传热性较差,锥形环主要应用在除了第一道环以外的其他环中。

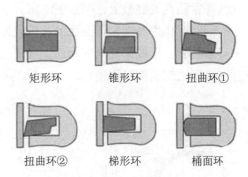

图 2.49 气环分类

③ 扭曲环。扭曲环在当代发动机中应用广泛,扭曲环的核心就是在环弹性内力的作用之下使得环的断面产生一个扭转,优点是上下表面都和环槽的上下表面发生接触,因此它不会上下窜动,进而减少泵油的情况,还能提高散热性能。

需要注意的是,在安装扭曲环时方向不能装反。

④ 梯形环。梯形环的主要优点是能把沉积在环槽内的胶质物挤出,防止活塞环黏结而折断,密封性能优越,使用寿命长;缺点是上下两个端面的精磨工艺复杂,梯形环在热负荷较大的柴油机上使用较多。

⑤ 桶面环。桶面环的优点是活塞上下行程都能形成楔形油膜以改善润滑,优点是接触面小,利于密封;缺点是凸圆弧面加工复杂,多用于强化柴油机的第一道环。

(2)油环。油环的主要作用是刮油、布油和辅助密封。油环用来刮除气缸壁上多余的润滑油并在气缸壁上铺涂一层均匀润滑油膜,这样即可以防止润滑油窜入,又可以减小活塞与气缸的磨损与摩擦阻力。油环安装在气环的下方环槽内。

(3)活塞环间隙。活塞环在发动机运转过程中与高温气体接触会发生热膨胀现象,而周期性的往复运动又使其出现径向胀缩变形。为了保证正常的工作,活塞环在气缸内应该具有一定的间隙,活塞环的间隙可分为三种:端隙,侧隙和背隙,如图2.50所示。

① 端隙。端隙又称为开口间隙,它可以防止活塞环受热膨胀而卡死在气缸中。活塞环在冷态下装入气缸后,该环在上止点时,环的两端头之间的间隙,一般为0.25~0.50 mm。

② 侧隙。侧隙又称为边隙,是指活塞环装入活塞后,其侧面与活塞环槽之间的间隙。这个间隙可以防止活塞环卡死在环槽内。其中,第一道气环工作温度高,间隙较大,一般为0.04~0.10 mm,其他环一般为0.03~0.07 mm。

③ 背隙。背隙是指活塞环装入气缸后,活塞环内圆柱面与活塞环槽底部间的间隙,一般为0.50~1.00 mm。活塞环在工作时,靠燃烧室的高压气体进入背隙,对活塞

环产生压力，进而加强活塞环与气缸工作面的密封作用。

活塞环的密封机理是：将气环装入气缸后，在弹力的作用下，使环的四周紧贴在气缸壁上，形成第一密封面，从而防止气体沿气环与气缸壁之间的接触面泄漏；同时，部分高压气体沿着活塞与气缸壁之间由活塞环侧面（侧隙）进入活塞环背面（背隙），使活塞环紧贴在气缸壁上，密封更牢靠。活塞环的密封机理如图2.51所示。

同时，作用在活塞环上面的高压气体，将活塞环压紧在环槽中，使活塞环的下端面和环槽贴紧，形成第二个密封面。气环的弹力和气体压力共同保证了气缸的密封性，并且气缸压力越高密封性越好。

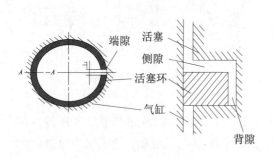

图2.50 活塞环的间隙　　　　　图2.51 活塞环的密封机理

活塞环的泵油作用是：发动机工作时，活塞带动活塞环向下止点运动（如进气行程）时，活塞环贴靠在环槽的上方，活塞环从气缸壁上刮下的润滑油充入活塞环侧隙下方；当活塞带动活塞环向上止点运动（如压缩行程）时，活塞环又贴靠在环槽的下方，同时将油充入活塞环侧隙的上方，如图2.52所示。如此往复运动，将润滑油泵向活塞顶部。

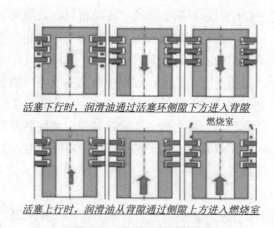

图2.52 活塞环泵油的作用

活塞环的泵油随着发动机转速的提高而加剧，使润滑油的油耗增加，在燃烧室内和活塞环槽内形成积炭，积炭会沉积在活塞的凹槽内，导致活塞环粘在一起，这样导致活塞环卡死无法完全密封。"粘住"的活塞环大大降低了刮油密封能力。此外，油泥也会堵塞回油孔，润滑油无法正常回流，导致润滑油消耗量的增加。积炭又会加剧活塞与气缸壁之间的磨损，造成间隙过大，加剧润滑油进入燃烧室，导致发动机"烧润滑油"。

3. 活塞销

活塞销的功用是连接活塞和连杆小端，并把活塞承受的气体压力传给连杆。

如果活塞销在润滑条件很差和高温下周期地承受很大的冲击负荷，并且其本身又做摆转运动，就要求活塞销具有足够的强度、刚度，表面韧性和耐磨性好，而且重量要轻。因此，活塞销一般都做成空心圆柱体，采用低碳钢和低碳合金钢制成，外表面经渗碳淬火处理以提高硬度，精加工后进行磨光以具有较高的尺寸精度和表面光洁度。

活塞销的内孔有三种形状：圆柱形、两段截锥形、两段截锥与一段圆柱结合形，如图2.53所示。

圆柱形孔的结构简单，加工容易，但从受力角度分析，中间部分应力最大，两端较小，所以这种结构质量较大，往复惯性力大。为了减小质量和往复惯性力，活塞销做成两段截锥形孔，接近等强度梁，但是孔的加工较复杂。两段截锥与一段圆柱结合形的结构介于圆柱形和两段截锥形之间。

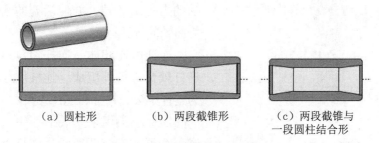

图2.53 活塞销的内孔形状

活塞销、活塞销座孔和连杆小头衬套孔有两种安装方式：全浮式和半浮式。

（1）全浮式安装。图2.54（a）所示为全浮式安装。当发动机工作时，活塞销、活塞销座孔和连杆小头衬套孔都有相对运动，活塞销便能在连杆小头衬套孔和活塞销座孔中自由摆动，使磨损均匀。为了防止全浮式活塞销轴向窜动刮伤气缸壁，在活塞销两端装有挡圈，进行轴向定位。活塞采用铝材料，活塞销采用钢材料，而铝比钢的热膨胀量大。为了保证高温工作时活塞销与活塞销座孔为过盈配合，活塞销安装时先把铝活塞加热到一定程度，然后再把活塞销装入，这种安装方式应用较广泛。

（2）半浮式安装。图2.54（b）所示为半浮式安装。半浮式安装是指活塞销、活塞销座孔和连杆小头衬套孔两处的连接状态为，一处固定，一处浮动。其中，半浮式安装大多采用活塞销与连杆小头固定的方式，即加热连杆小头后，将活塞销装入（为过盈配合）。为了保证冷启动时转动，活塞销与活塞销座孔之间必须有一定的装配间隙，这种连接方式的活塞销座孔内无卡簧，小头处无衬套，省去了衬套的修理作业内容。半浮式安装减轻了往复运动件的质量，适用于轻型高速发动机。

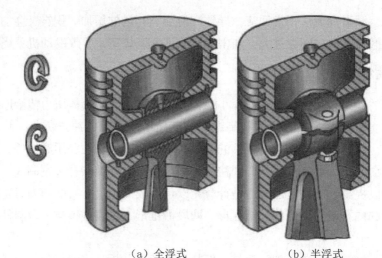

(a) 全浮式　　　　　　　(b) 半浮式

图2.54　活塞销、活塞销座孔和连杆小头衬套孔的安装方式

4. 连杆

连杆（如图2.55所示）的作用是将活塞承受的力传给曲轴，并使活塞的往复运动转变为曲轴的旋转运动。

连杆由连杆体、连杆端盖、连杆螺栓和连杆轴瓦等零件组成，连杆体与连杆端盖分为连杆小头、杆身和连杆大头。

连杆小头用来安装活塞销，用以连接活塞，全浮式安装活塞销在连杆小头中装有衬套（青铜），在连杆小头和衬套上钻有小孔（油道），用来润滑连杆小头和活塞销。

连杆大头与曲轴的连杆轴颈相连。按照剖分面的不同，连杆大头可分为平切口和斜切口两种。一般来说，汽油机的连杆大头采用平切口；而柴油机受力大，故连杆大头多采用斜切口。

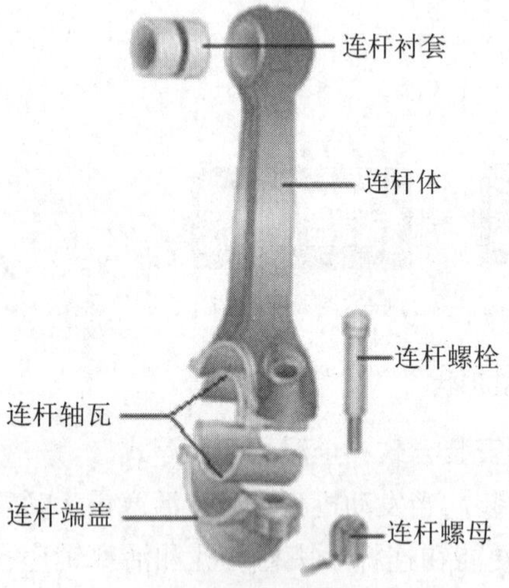

图2.55　连杆

5. 连杆轴瓦

连杆轴瓦（如图2.56所示）安装在连杆大头的孔座中，包括连杆上瓦和连杆下瓦，与曲轴上的连杆轴颈装配在一起，起到耐磨、连接、支撑和传动作用。连杆轴瓦是发动机中最重要的配合副之一。

连杆轴瓦上设置的定位凸起，使连杆轴瓦能装配在合理的位置上，以使连杆轴瓦的油槽

图2.56　连杆轴瓦

部位避开重负荷受力区,保证工作时连杆轴瓦的磨损小。

当连杆轴瓦没有定位凸起的安装时,要保证中心位置,装配时上下标记不能对错。

2.2.2 任务训练

1.活塞组件的损伤与检测

(1)活塞常见的损伤及原因。活塞常见的损伤有:活塞裂纹、活塞和活塞销座的磨损以及活塞和活塞销座的拉伤等。

① 活塞裂纹。活塞裂纹(如图2.57所示)主要出现在活塞顶部、活塞环槽、活塞销座和活塞裙部。

活塞产生裂纹的原因除了活塞本身的材质以外,主要是发动机爆燃,点火提前角过大等。

② 活塞和活塞销座的磨损。

a.活塞的磨损。活塞的最大磨损部位是活塞环槽的磨损,主要原因是气体的压力作用,使活塞环对活塞环槽的单位压力增高。同时,由于活塞做高速往复运动,使活塞环对活塞环槽的冲击很大。活塞环槽的磨损主要是下平面,而上平面的磨损较少,使活塞环槽磨损成内小外大的梯形,活塞环的侧隙增大,造成气缸窜气和窜润滑油,如图2.58所示。

图2.57 活塞裂纹

图2.58 活塞的磨损

b.活塞销座的磨损。活塞在工作时,由于气体压力惯性力的作用,使活塞销座孔出现椭圆形磨损,其最大的磨损部位是座孔的上下方向,使活塞与销的配合松旷,出现不正常的响声。

③ 活塞及活塞销座的拉伤。

a.活塞的拉伤。活塞的拉伤(如图2.59所示)主要出现在活塞裙部圆周方向的一侧或两侧,沿着活塞中心线方向的拉毛现象。

图2.59 活塞的拉伤

发生活塞拉伤的主要原因是，配缸间隙过小，或者使用弯曲、扭曲的连杆，或者配合表面不清洁，或者发动机温度过高，超出活塞正常的膨胀量，致使配缸间隙变小或无间隙，造成活塞拉伤。

b.活塞销座的拉伤。活塞销座的拉伤主要出现在活塞销孔两侧裙部的位置。主要原因是全浮式安装，活塞销与活塞销座孔配合过紧或在连杆小头衬套孔中卡住；半浮式安装，活塞销与活塞销座孔配合的间隙过小。

（2）活塞的检测。

① 活塞裂纹的检测。活塞清洗后再检测有无裂纹，使用染色渗透剂进行活塞裂纹的检验。若活塞检验出裂纹，一般应报废更换，如图2.60所示。

图2.60 活塞裂纹的检测

② 活塞直径的检测。活塞直径的检测（如图2.61所示）主要是检测活塞裙部的直径。通常可采用以下两种方法来检测活塞直径：

一种方法是用千分尺测量活塞裙部规定的测量位置。将在此位置测得的数据与气缸磨损最大部位的测量值相减，并用所得差值与配缸间隙[①]值相比较，即可确定该活塞是否可以使用。

另一种方法是采用测量配缸间隙的方法来确定活塞可否使用。将活塞倒置于相关的气缸中，活塞销座孔平行于曲轴方向，在活塞受侧压力最大的一面，用塞尺（宽13 mm，长200 mm）垂直插入气缸壁与活塞裙部之间（与活塞一起放入）。以30 N的力能拉动（感觉有轻微阻力时）即为合适。

③ 活塞销座的检测。活塞销座的检测（如图2.62所示）主要是测量活塞销座与活塞销的间隙。

活塞的检测

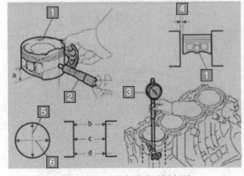

图2.61 活塞直径的检测

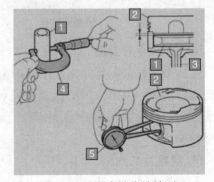

图2.62 活塞销座的检测

---

① 配缸间隙是指气缸与活塞标准的配合间隙。

活塞销座的检测方法是：使用千分尺测量活塞销的直径，使用带表内卡规测量活塞销座的直径，在活塞销座受力方向和水平方向测量，计算出圆度和磨损量，根据标准值确定活塞销座孔磨损是否超限，并计算出活塞销座与活塞销的间隙。读者可参考相关的汽车维修手册的标准间隙值，来计算活塞销座与活塞销的间隙值是否超出使用范围。

④ 活塞环端隙的检测。活塞环端隙又称为开口间隙，是活塞环装入气缸后开口处间隙，一般为0.25～0.5 mm。活塞环端隙的检测如图2.63所示。

活塞环的开口间隙过大，则会使漏气量增加；活塞环的开口间隙过小，则受热膨胀后使活塞环的两端顶住，造成气缸壁擦伤或活塞环断裂。为了减少气体的泄漏，装环时，各道环的环口应相互错开。

⑤ 活塞环侧隙的检测。活塞环侧隙又称边隙，是指活塞环装入活塞后，其侧面与活塞环槽之间的间隙。活塞环侧隙的检测如图2.64所示。

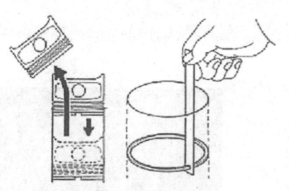

图2.63 活塞环端隙的检测

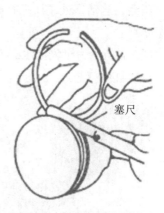

图2.64 活塞环侧隙的检测

2.连杆损伤与检测

（1）连杆的损伤及原因。连杆的主要损伤形式是疲劳断裂和过量变形。

① 连杆的疲劳断裂。连杆的疲劳断裂（如图2.65所示）的部位通常在连杆的3个高应力区域。

连杆作为往复式发动机的一个重要组成构件，承上启下，既要承担发动机做功冲程的爆压，还要承受压缩行程时曲轴的连杆轴颈在旋转运动中的冲击，被形象地称为"上顶下砸"。

连杆的工作条件要求连杆不仅具有较高的强度和抗疲劳性能，还要具有足够的刚性和韧性。

连杆的3个高应力区集中分布在连杆小头、连杆体下部和连杆瓦盖的部分区间。图2.66所示的阴影区域部分就是高应力区域。

② 连杆的过量变形。产生连杆的过量变形的原因主要有以下3个方面：

a.连杆的制作材质太差。

b.发动机出现重大机械事故，严重的拉缸会导致连杆扭曲。

图 2.65 连杆的疲劳断裂

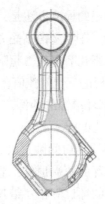
图 2.66 连杆的高应力区

c.气缸内进入液体物质（一般是水和油），且体积大于燃烧室容积。由于液体体积不可压缩，当活塞处于压缩行程时，会使连杆超负荷造成弯曲变形（如图2.67所示），甚至断裂。

图2.68所示为车辆涉水时发动机熄火，发动机的气缸进水导致连杆断裂，断裂的连杆又将气缸体打漏。

图 2.67 连杆的弯曲变形

图 2.68 连杆的断裂

（2）连杆损伤的检测。

① 连杆外观的检查。连杆外观的检查（如图2.69所示）主要有以下三个方面：

a. 连杆体、轴承盖等不得有裂纹和损伤。

b. 轴承盖与轴承座应密合，结合面无损伤，定位槽完整无损。

c. 检查连杆螺栓及螺母。如果螺纹有两牙以上的损伤，螺栓有裂痕或有明显的缺陷，螺栓拉长变形，螺栓和螺母相互配合的间隙过大、有明显松旷，则应及时更换。

② 连杆变形的检测。连杆的弯曲和扭曲变形一般是利用百分表和连杆校正仪进行检测的。

图 2.69 连杆外观的检查

a. 百分表。如图2.70所示，将连杆大头装入检验仪上的标准芯轴上，安装好百分表，然后移动百分表，通过检测活塞销的两端高度差，即可测出连杆的弯曲或者扭曲，以及弯曲和扭曲同时存在的变形。

需要注意的是，连杆在100 mm长度上的弯曲度不大于0.03 mm，连杆在100 mm长度上的扭曲度不大于0.06 mm。

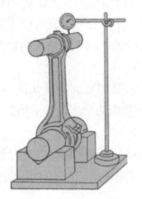
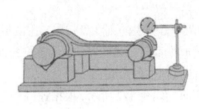

(a) 连杆弯曲的检测　　　　　　(b) 连杆扭曲的检测

图 2.70　百分表检测

b. 连杆校正仪。连杆校正仪适用于中小型发动机连杆产生的弯曲、扭曲及其双重变形的检验和校正，其主要技术数据为：

◎ 芯轴可调范围：38 ～ 51.5 mm，51 ～ 66 mm；
◎ 外形尺寸长 × 宽 × 高：550 × 300 × 340 mm；
◎ 滑板移动距离：140 mm；
◎ 工作台面与芯轴中心高：75 mm；
◎ 误差：弯曲 ≤ 0.03 mm，扭曲 ≤ 0.05 mm。

连杆校正仪检测如图 2.71 所示。

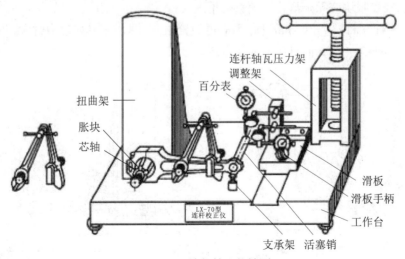

图 2.71　连杆校正仪检测

连杆弯曲及扭曲的检验过程如下：

第一，连杆轴瓦加工完毕后，装配好活塞销。

第二，如图 2.71 所示，将连杆大头轴孔穿入芯轴置于胀块的中部，一边旋升芯轴、胀块，一边轻动连杆（全方位轻动），直至连杆完全固定没有位移量为止（切忌无限度胀紧，以免损坏连杆轴瓦）。

第三，用支承架顶住连杆小头活塞销孔下部，以防连杆小头下垂影响精度。

第四，装好百分表，将调整架调好位置：使上面百分表的检测头位于活塞销轴心线的正上面，侧面百分表的检测头位于活塞销轴心线的侧面，即两个表的检测头垂直指向活塞销的轴心线。

第五，将两个百分表的刻度盘归零，用滑扳手柄轻推滑板，使百分表的检测头置于活塞销最末端，此时上面百分表的显示值为连杆扭曲量、侧面百分表的显示值为连杆弯曲量。

c. 连杆弯曲及扭曲的校正。

◎ 校正弯曲。如图 2.72 所示，根据连杆的弯曲方向装上弯曲架，一边旋紧校正顶丝，一边观察百分表指针的变化，直至指针归零并根据弯曲量适当校有一定的过盈量，在校正负荷下保持一定时间。

◎ 校正扭曲。如图 2.73 所示，保持在上述检验状态不变，装上扭曲架旋紧钩爪螺母（扭曲架安装一正一反，根据连杆扭曲方向确定扭曲架左右钩爪的位置），一边旋紧校正顶丝，一边观察百分表指针的变化，直至指针归零并根据扭曲量适当校有一定的过盈量（由于材料具有弹性后效应的作用，因此卸荷后连杆有复原的趋势）。变形量较大的连杆校正后，必须进行时效处理。

d. 注意事项。

第一，检验前，调整工作台的 4 个支脚，使各支脚支撑力均匀，以保证工作台的平衡和精度。

第二，保持工作台及芯轴无锈蚀现象。

第三，检验连杆时要确保百分表的表头固定可靠、调整架蝶形螺母紧固可靠并无松动现象，芯轴和胀块应无杂物，以免影响精度。

第四，连杆弯曲量 ≥ 0.3 mm 时，不应再做校正，这是由于其内应力过大，即使校好，装入发动机后仍会变形，而且还会损坏设备。

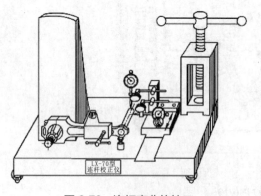

图 2.72 连杆弯曲的校正

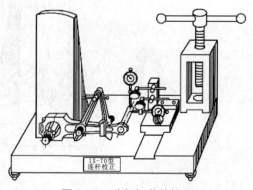

图 2.73 连杆扭曲的校正

3.活塞与活塞环的安装

在安装活塞环之前，应彻底清洁活塞及活塞环（如图2.74所示），在安装和组装过程中也要彻底保持它们的清洁。

清洁活塞及活塞环之后开始安装它们。安装活塞环要格外地细心，如果安装不当，则会引起发动机出现各种故障。

图2.75所示是活塞环的开口装配，在往发动机上安装活塞连杆组时，将活塞环开口调至图示位置后再进行安装。活塞环的数量不同，具体车型的安装角度也会不同，请参考相关的汽车维修手册。

图 2.74　清洁活塞及活塞环

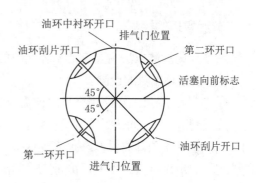

图 2.75　活塞环的开口装配

4.活塞销的安装

活塞销的安装方法主要有两种：全浮式和半浮式。

（1）全浮式活塞销安装。在安装时，将活塞放入清水（或润滑油）中加热到75～85℃取出，把连杆小头衬套孔与活塞销座孔对正（此时应注意活塞与连杆的安装方向），在活塞销上涂抹润滑油，然后用拇指的力量将活塞销推入活塞销座孔。如果用手推不动时，切不可用手锤硬敲，以免打坏活塞或使活塞变形。而应找出原因，重新铰削活塞销座孔，直到合适为止。全浮式活塞销安装如图2.76所示。

活塞销与连杆小头衬套的配合要求，在常温下有0.005～0.010 mm的微量间隙，其接触面积在75%以上。

（2）半浮式活塞销安装方法。半浮式活塞销与连杆为过盈配合，必须用专用工具进行连接安装。此外，专用工具还需要配合压力机、台虎钳、千斤顶等进行压装（拆卸时也需如此）。半浮式活塞销安装如图2.77所示。

将连杆拭擦干净，连杆小头朝下置于加温100℃以上的润滑油容器中，取出连杆与擦拭干净的活塞并相互找好方向，也就是箭头同凸起方向要一致，使用专用工具及压力机将蘸少许润滑油的活塞销穿入活塞销座孔及连杆小头衬套孔。安装后的连杆小头应位于活塞销的中间位置，这个中间位置在加压装配过程中使活塞销应多深进1 mm左右。

图 2.76　全浮式活塞销安装　　　　图 2.77　半浮式活塞销安装

5.活塞环的检测

活塞环的检测方法主要有活塞环端隙的检测和活塞环侧隙的检测。

(1)活塞环端隙的检测。

① 工具：塞尺。在使用塞尺之前需要清洁塞尺表面。

② 检测方法。如图2.78所示，清洗气缸及活塞环之后，将活塞环平整地放入气缸内，用一个活塞顶部将活塞环推入到活塞行程的底部（即气缸磨损最小处、下止点以下的位置），取出活塞，用塞尺测量端口间隙。

活塞环端隙一般为0.25～0.5 mm。

(2)活塞环侧隙的检测。

① 工具：塞尺。在使用塞尺之前需要清洁塞尺表面。

② 检测方法。如图2.79所示，清洗活塞环槽及活塞环之后，将活塞环装入活塞环槽内，使用塞尺测量活塞环与活塞环槽之间的间隙，测量点在活塞裙部两侧。

第一道环侧隙一般为0.04～0.10 mm，其他环侧隙一般为0.03～0.07 mm。

油环的侧隙较小，一般为0.025～0.07 mm。

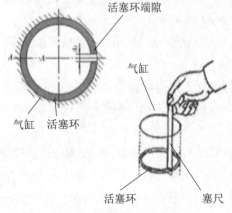 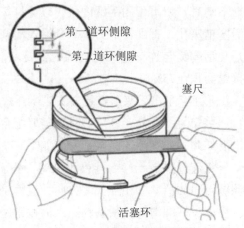

图 2.78　活塞环端隙的检测　　　　图 2.79　活塞环侧隙的检测

2.2.3 任务实施与评价

本任务为活塞环侧隙的检测，具体实施内容如表2.10所示。

表2.10 任务实施

项目	内容
任务名称	活塞环侧隙的检测
任务目标	掌握活塞环侧隙的检测； 掌握活塞与活塞环的装配方法
时间安排	60分钟
实施环境	一体化实训室
工具、设备	塞尺； 活塞； 活塞环； 清洁布；等等
分组安排	每组6～8人
注意事项	注意清洁

本任务的任务实施记录如表2.11所示。

表2.11 任务实施记录

纵向环的类别	1缸		2缸		3缸		4缸	
	横向	纵向	横向	纵向	横向	纵向	横向	纵向
第一道气环								
第二道气环								
油环								

要求：纵向环不允许超过使用极限（第一道气环不大于0.10 mm，第二道气环不大于0.07 mm，油环不大于0.07 mm），具体参数可以参考相关的汽车维修手册。如果纵向环超出使用极限范围，则可以参考相关的汽车维修手册进行更换。

本任务的技能评价如表 2.12 所示。

表2.12 技能评价

序号	作业说明	作业内容	配分	评分标准	扣分	得分
1	检测前的准备工作	清洁塞尺	3	错误扣3分		
		清洁活塞	4	错误一项扣2分		
		清洁活塞环				
		检查活塞是否有裂纹	3	未检查扣3分		
2	活塞环侧隙的检测	考查测量手法是否正确	12	错误一项扣0.5分		
		考查测量部位是否正确	24	错误一项扣1分		
		考查测量数据是否准确（误差范围不超过0.01 mm）	48	错误一项数据扣2分		
		文明操作	3	有不文明操作的，酌情扣分		
3	处理意见	判断是否需要修理	3	判断错误扣3分		
4	熟练程度	考核时间为55分钟	10	在操作正确和数据准确的基础上，如果提前完成任务，则每提前1分钟加1分（只计整数）		
5	合计		110			

2.2.4 任务小结

通过本任务的学习，你掌握了哪些知识？请将思考的问题记录在表2.13中并进行结果检验。

表2.13 任务小结

序号	问题	自检结果
1		
2		

续表

序号	问题	自检结果
3		
4		
5		
6		
7		
8		
9		
10		

学习任务三：曲轴飞轮组的结构与维修

2.3.1 知识准备

1.曲轴飞轮组的功用

曲轴飞轮组的功用是把活塞的往复运动转变为曲轴的旋转运动，为汽车的行驶和其他需要动力的机构输出扭矩。同时，曲轴飞轮组还储存能量，用以克服非做功行程的阻力，使发动机运转平稳。

2.曲轴飞轮组的组成

曲轴飞轮组主要由曲轴、曲轴主轴承、飞轮和附件组成，如图2.80所示。下面主要介绍曲轴，飞轮和飞轮齿圈。

（1）曲轴。曲轴由主轴颈、连杆轴颈、曲柄、平衡重、前端轴和后端轴等组成，如图2.81所示。

主轴颈安装在气缸体上，曲柄为主轴颈和连杆轴颈的连接部分，连杆轴颈和连杆的大头连接。

前端轴主要用来驱动配气机构、水泵等附属机构，后端轴采用凸缘结构，用来安装飞轮。

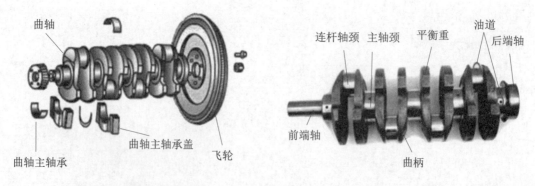

图2.80 曲轴飞轮组   图2.81 曲轴

（2）飞轮。飞轮的功用是在发动机做功行程储存能量，为其他三个辅助行程提供动力；保证曲轴运转平稳，并克服短暂超负荷；带动曲柄连杆机构越过上止点和下止点；通过飞轮齿圈与启动机小齿轮啮合，以便启动发动机；将发动机的动力传递给离合器或自动变速箱。飞轮如图2.82所示。

（3）飞轮齿圈。飞轮齿圈（如图2.83所示）压装在飞轮外缘上，可与启动机的驱动齿轮啮合，把启动机动力通过飞轮传递到曲轴，为发动机启动时提供动力。

图2.82 飞轮

图2.83 飞轮齿圈

2.3.2 任务训练

1. 曲轴常见的损伤及检测

（1）曲轴常见的损伤及原因。曲轴的常见损伤形式有曲轴裂纹、曲轴弯扭变形和曲轴轴颈磨损等。

① 曲轴裂纹。图2.84所示为曲轴裂纹。曲轴裂纹多发生在曲柄与轴颈之间的过渡圆角处以及油孔处等应力集中部位。制造和修理的缺陷以及使用不当都容易使曲轴产生裂纹。

② 曲轴弯扭变形。曲轴弯扭变形是指主轴颈的轴线不在同一条直线上，表现为主轴颈表面径向圆跳动误差大于0.05 mm。若连杆轴颈分配角误差大于0°30′，则为曲轴弯扭变形，如图2.85所示。

变形过大的曲轴会导致自身和相连零件的加剧磨损及疲劳，出现曲轴断裂和过大的机械振动。

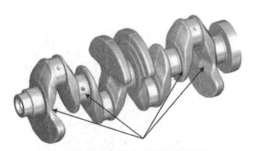

曲轴最容易出现裂纹的区域

图2.84 曲轴裂纹

图2.85 曲轴弯扭变形

③ 曲轴轴颈的磨损。图2.86所示为曲轴轴颈的磨损。曲轴易发生磨损的部位主要是轴颈，主轴颈和连杆轴颈的磨损是不均匀的，且磨损部位有一定的规律性。

发动机不按时保养是曲轴轴颈的磨损的主要原因。

（2）曲轴损伤的检测与维修。

① 曲轴裂纹的检测与维修。曲轴清洗后再检测有无裂纹，可以用磁力探伤器或染色渗透剂进行裂纹的检测，如图2.87所示。若曲轴检测出有裂纹，则应报废并更换曲轴。

图2.86 曲轴轴颈的磨损

曲轴最容易出现裂纹的区域

图2.87 曲轴裂纹的检测

② 曲轴变形的检测与维修。检测曲轴变形应以两端主轴颈的公共轴线为基准，检测中间主轴颈的径向圆跳动误差，如图2.88所示。

将曲轴两端的主轴颈分别放置在检验平板的V形块上，将百分表触头垂直地抵在中间主轴颈上，慢慢地将曲轴转动一圈，此时百分表指针所示的最大摆差，即中间主轴颈的径向圆跳动误差。若误差值大于0.15 mm，则应进行压力校正；若误差值小于0.15 mm，则可结合磨削主轴颈予以修正。

③ 曲轴磨损的检测与维修。先检测轴颈有无磨痕和损伤，再使用千分尺测量主轴颈和连杆轴颈的圆度误差和圆柱度误差，如图2.89所示。曲轴短轴颈的磨损，以检查圆度误差为主；曲轴长轴颈的磨损，则必须检测圆度和圆柱度误差。

曲轴轴颈测量方法

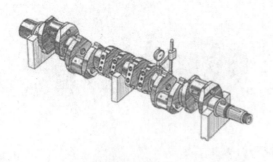

图2.88 曲轴变形的检测

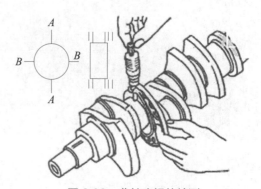

图2.89 曲轴磨损的检测

2.曲轴与连杆的安装

(1)曲轴的安装。安装连杆之前,首先应该完成曲轴的安装,并同时检测曲轴轴向间隙。汽车的车型不同,曲轴的轴向间隙的标准值也不同,如大众 EA888 1.8T 发动机曲轴轴向间隙一般在 0.10～0.35 mm,极限值为 0.40 mm。

曲轴轴向间隙测量方法及注意事项

(2)连杆轴瓦间隙的检测。在安装曲轴与连杆时,需要进行连杆轴瓦间隙的检测,具体操作如下:

① 清洁曲轴连杆轴颈,上下连杆轴瓦、连杆轴承盖,并使用压缩空气吹干。

② 将上连杆轴瓦放入上连杆瓦座,下连杆轴瓦放入下连杆瓦盖。

注意:在安装连杆轴瓦时,上下的记号不能对错,瓦口的方向不能对反,如图2.90所示。

③ 在测量连杆轴瓦间隙时,可以截取相应长度的塑料间隙规,将其放在曲轴连杆轴颈上测量,如图2.91所示。

塑料间隙规由软塑料制成,分三种颜色,每种颜色表示不同的厚度。间隙测量范围如下:绿色为0.025～0.076 mm,红色为0.051～0.152 mm,蓝色为0.102～0.229 mm。

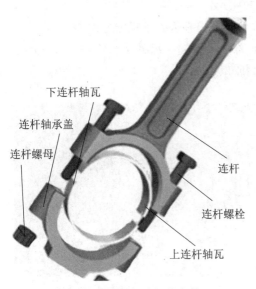

图 2.90 曲轴与连杆的安装

图 2.91 塑料间隙规

用塑料间隙规检测的步骤如下:

④ 如图2.92所示,把瓦盖放在连杆轴颈上并以规定的扭矩将其紧固,切勿转动曲轴。

⑤ 拆下连杆轴承盖并使用塑料间隙规封套上的刻度来确定平直的塑料间隙规的宽度,测量塑料间隙规最宽部位的宽度,读出连杆轴瓦间隙,如图2.93所示。

曲轴轴瓦检测和轴向间隙测量

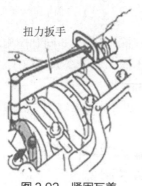
图 2.92　紧固瓦盖

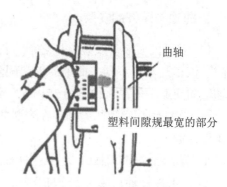
图 2.93　连杆轴瓦间隙的测量

⑥ 测量后，确定间隙是否正常，彻底清洁轴颈上的塑料间隙规。

根据车型的不同，连杆轴瓦间隙的标准值也不同。例如，EA888 1.8T发动机的标准值是0.02～0.06 mm，极限值是0.09 mm。

如果连杆轴瓦的间隙值正常，就可以进行安装。

（3）活塞连杆组向曲轴上的安装（如图2.94所示）。安装时，首先安装1缸、4缸活塞连杆组：

① 将1缸曲柄转到下止点位置，取1缸的活塞连杆总成，在1缸气缸套、连杆轴颈、连杆轴瓦和活塞环处加注适量的润滑油，如图2.94所示。

② 转动活塞环使润滑油进入环槽，并检验各环开口是否处于规定方位。

③ 一名维修人员将活塞连杆总成从气缸顶部放入缸筒，另外一名维修人员在曲轴箱处等待引导连杆使其对准曲轴轴颈，如图2.95所示。

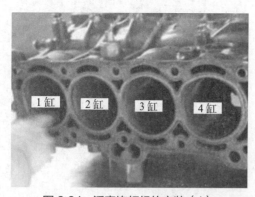
图 2.94　活塞连杆组的安装（1）

图 2.95　活塞连杆组的安装（2）

④ 在装入活塞连杆组之前，注意检查安装标记，上下连杆轴瓦不可装错。

⑤ 一名维修人员用专用工具收紧各环，使用木槌柄将活塞推入，另外一名维修人员用手引导连杆使其对准曲轴连杆轴颈，如图2.96所示。

⑥ 装入前注意检查安装标记，气缸缸号和活塞连杆组朝前标记。

⑦ 取1缸的连杆轴承盖（带有轴瓦），在连杆轴瓦上涂抹润滑油。在安装时注意连杆盖的标记和方向，然后安装在连杆上，并按照规定扭矩交替拧紧连杆螺母，如图2.97所示。

图2.96 活塞连杆组的安装（3）　　图2.97 活塞连杆组的安装（4）

⑧ 每装好一缸都要转动曲轴来检查它是否转动灵活自如，再用同样的方法，将其余各缸活塞连杆组件装入相应的气缸。

3. 曲轴轴颈的检测

通常，在检测曲轴轴颈之前，要先对曲轴清洁并进行外观检测。

清洁曲轴的方法是：油污可以用清洗液进行热清洗，油道可以用专用的清洁刷和热肥皂水进行清洗，如图2.98所示。

用压缩空气吹和用无尘布擦净后，目视检测连杆轴颈是否有裂纹。

图2.98 清洁曲轴

检测曲轴主轴颈的圆度和圆柱度如下：

（1）工具：外径千分尺。在使用前清洁并校验外径千分尺。

（2）检测方法。用外径千分尺先在油孔两侧测量，然后旋转90°再测量。油孔两端各自测得的直径之差的1/2作为圆度误差。曲轴主轴颈两端测得的最大直径与最小直径之差的1/2作为圆柱度误差。

当曲轴主轴颈与连杆轴颈的圆度和圆柱度误差大于0.025 mm时，应该进行修磨处理。

2.3.3 任务实施与评价

本任务为曲轴轴颈磨损的检测,具体实施内容如表2.14所示。

表2.14 任务实施

项目	内容
任务名称	曲轴轴颈磨损的检测
任务目标	掌握曲轴轴颈磨损的检测步骤和检测方法
时间安排	60分钟
实施环境	一体化实训室
工具、设备	外径千分尺; 曲轴; 清洁布;等等
分组安排	每组6~8人
注意事项	注意清洁

本任务的任务实施记录如表2.15所示。

表2.15 任务实施记录

测量项目			一道		二道		三道		四道		五道		六道		七道	
			甲	乙	甲	乙	甲	乙	甲	乙	甲	乙	甲	乙	甲	乙
主轴颈	直径(mm)	1														
		2														
	圆度															
	圆柱度															

续表

测量项目			一道		二道		三道		四道		五道		六道		七道	
			甲	乙	甲	乙	甲	乙	甲	乙	甲	乙	甲	乙	甲	乙
连杆轴颈	直径（mm）	1														
		2														
	圆度																
	圆柱度																
处理意见：																

要求：主轴颈、连杆轴颈的圆度和圆柱度不允许超过使用极限（圆度和圆柱度的误差不大于 0.025 mm），具体参数可以参考相关的汽车维修手册。如果主轴颈、连杆轴颈的圆度和圆柱度超出使用极限范围，则参考相关的汽车维修手册更换或进行修磨处理。

本任务的技能评价如表 2.16 所示。

表2.16　技能评价

序号	作业说明	作业内容	配分	评分标准	扣分	得分
1	检测前的准备工作	清洁外径千分尺	3	错误扣3分		
		校验外径千分尺	5	未校验扣5分，校验错误扣3分		
		清洁连杆轴颈	3	错误扣3分		
		检查连杆轴颈是否有裂纹	3	未检查扣3分		
2	连杆轴颈的检测	检查测量手法是否正确	16	错误一项扣1分		
		检查测量部位是否正确	16	错误一项扣1分		
		检查测量数据是否准确（误差范围不超过 0.01 mm）	32	有一项数据错误扣2分		
		文明操作	3	有不文明操作的，酌情扣分		
3	计算	曲轴轴颈圆柱度的计算	8	算错一项扣2分		
		曲轴轴颈圆度的计算	8	算错一项扣2分		

续表

序号	作业说明	作业内容	配分	评分标准	扣分	得分
4	处理意见	判断是否需要修理	3	判断错误扣3分		
5	熟练程度	考核时间为55分钟	10	在操作正确和数据准确的基础上,如果提前完成任务,则每提前1分钟加1分(只计整数)		
6	合计		110			

2.3.4 任务小结

通过本任务的学习,你掌握了哪些知识?请将思考的问题记录在表2.17中并进行结果检验。

表2.17 任务小结

序号	问题	自检结果
1		
2		
3		
4		
5		
6		
7		
8		
9		
10		

项目二 曲柄连杆机构的结构与维修

学习任务四：平衡轴的结构与维修

2.4.1 知识准备

1. 平衡轴的功用

发动机活塞每上下运动一次，将使发动机产生一上一下两次振动，所以发动机的振动频率和发动机的转速有关。

在振动理论上，常使用多个谐波振动来描述发动机的振动。其中，振动频率和发动机转速相同的叫一阶振动，频率是发动机转速2倍的叫二阶振动，但振动频率越高，振幅就越小，二阶以上的振动可以忽略不计。一阶振动占整个振动的70%以上，是振动的主要来源。

图2.99所示为平衡轴，它的功用是消除发动机的一阶振动和二阶振动，让发动机工作起来更加平稳、顺畅。

图2.99 平衡轴

图2.100 单平衡轴

2. 平衡轴的分类及特点

根据安装数量的不同，发动机的平衡轴可分为单平衡轴和双平衡轴两种。

（1）单平衡轴。单平衡轴是利用齿轮传动方式进行工作的，曲轴齿轮驱动平衡轴齿轮使其旋转。单平衡轴如图2.100所示。

单平衡轴可以消减一阶振动，使发动机的振动得到明显改善。

单平衡轴的结构简单，占用空间小，因而在单缸和小排量的发动机中应用较为广泛。

（2）双平衡轴。双平衡轴采用链传动方式带动两根平衡轴转动，其中一根平衡轴与发动机的转速相同，可以消减发动机的一阶振动；另一根平衡轴的转速是发动机转速的2倍，可以消减发动机的二阶振动，从而达到更加理想的减振效果。

根据布置方式的不同，双平衡轴可以分为分体式和整体（盒）式。

① 分体式双平衡轴。图2.101所示为分体式双平衡轴，即两根平衡轴分布在曲轴两侧。

② 整体（盒）式双平衡轴。整体（盒）式双平衡轴通过上下壳体把两根平衡轴组装在一起，通过链条或者齿轮直接驱动，如图2.102所示。

对于齿轮直接驱动的双平衡轴，安装时需要调整曲轴驱动齿轮和平衡轴从动齿轮之间的配合间隙。

图 2.101　分体式双平衡轴

图 2.102　整体（盒）式双平衡轴

2.4.2　平衡轴的损伤及检测

1.平衡轴常见的损伤及原因

平衡轴常见的损伤有磨损、异响、断裂和安装错误。

（1）平衡轴的磨损。平衡轴的磨损部位通常出现在平衡轴驱动链轮或者驱动齿轮处，如图2.103所示。

平衡轴长期高速旋转，如果平衡轴驱动链轮的材质不良或者润滑不良，则会导致平衡轴链轮异常磨损。

（2）平衡轴的异响。当平衡轴驱动链轮或者齿轮磨损，平衡轴的轴承间隙过大，安装不当时，都会导致平衡轴的异响。

（3）平衡轴的断裂。平衡轴的断裂（如图2.104所示）主要原因有轴承松旷、装配错误和齿轮啮合不良等。

图 2.103　平衡轴的磨损

(4)平衡轴的安装错误。平衡轴内部装有偏心重块并随曲轴同步旋转，利用偏心重块所产生的反向振动力，使发动机获得良好的平衡效果，降低发动机的振动。平衡轴的安装错误如图2.105所示。

平衡轴在安装时需要与曲轴相位进行匹配，维修人员要严格按照相关的汽车维修手册进行安装。如果安装错误，平衡轴不但不能起到平衡作用，反而会引起发动机更大的振动，导致发动机异响，甚至造成平衡轴的断裂。

图2.104　平衡轴的断裂

图2.105　平衡轴的安装错误

2.平衡轴的安装

平衡轴在安装时有位置要求，下面以东风雪铁龙汽车配置EW12A发动机齿轮传动双平衡轴为例，介绍平衡轴的装配方法。

(1)首先彻底清洁曲轴驱动齿轮和平衡轴齿轮，整个安装过程中让它们保持清洁，如图2.106所示。清洁后进行平衡轴的装配。

(2)按照发动机旋转方向转动曲轴，当在安装飞轮定位工具的观察孔中看到飞轮定位孔出现时，立刻停止旋转曲轴，如图2.107所示。

图2.106　清洁曲轴驱动齿轮平衡轴齿轮

图2.107　旋转曲轴

(3)安装飞轮定位工具，固定飞轮，如图2.108所示。

(4)将平衡轴的盲孔垂直向下(曲轴方向)放置，如图2.109所示。

图2.108　安装飞轮定位工具

图2.109　平衡轴盲孔位置

（5）在平衡轴的盲孔上安装定位规，在定位规上安装定位规法兰，拧紧螺栓使平衡轴位置固定，如图2.110所示。

（6）安装平衡轴垫片，注意平衡轴垫片安装方向和油道的位置，如图2.111所示。

图2.110　安装定位规

图2.111　安装平衡轴垫片

（7）安装平衡轴，按照图2.112所示的1→8的顺序分两次拧紧8颗螺栓至标准扭矩值。

扭矩值的调整法法为：预紧扭矩10N·m，再旋转（60±5）°，具体车型参考相关的汽车维修手册。

（8）拆下平衡轴定位工具，如图2.113所示。

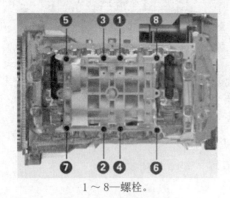
1～8—螺栓。
图2.112　安装平衡轴

图2.113　拆下平衡轴定位工具

（9）拆下飞轮定位工具，如图2.114所示。

（10）按照发动机旋转方向转动曲轴后，安装飞轮定位工具、平衡轴定位规和定位规法兰并拧紧螺栓，如图2.115所示。如果定位工具能轻松放入，则说明平衡轴安装位置正确；如果平衡轴安装的位置不正确，则重新按照以上步骤安装平衡轴。

平衡轴的安装

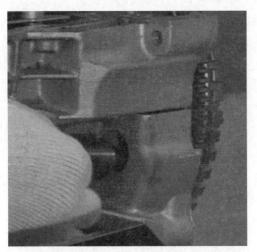

图2.114　拆下飞轮定位工具

图2.115　平衡轴安装位置的确认

3.平衡轴间隙的调整

在更换曲轴、平衡轴、气缸体时，齿轮传动双平衡轴需要调整平衡轴齿轮与曲轴齿轮的配合间隙，具体调整方法如下：

（1）在调整平衡轴间隙时，需要安装专用工具垫片，再按照上面的安装流程安装平衡轴，如图2.116所示。安装工具垫片时不要涂抹润滑脂或润滑油。

（2）平衡轴安装完毕后，拆下飞轮定位工具，然后安装平衡轴间隙测量杆并拧紧螺栓，如图2.117所示。平衡轴间隙测量杆上有百分表测量定位孔。

图2.116　安装工具垫片

图2.117　安装平衡轴间隙测量杆

(3)安装百分表支架及百分表,把百分表的表头接触杆安装在百分表测量定位孔上,如图2.118所示。

将百分表内表盘的指针调至"0"刻度的位置,然后用手拨动测量杆,查看百分表间隙的测量值并记录下来。

松开平衡轴间隙测量杆的固定螺栓,转动曲轴继续下一个角度的测量。

(4)使用角度盘(如图2.119所示)计量曲轴转角,继续在曲轴转角10°、30°、100°、190°、210°、280°的位置上测量平衡轴间隙,并记录测量值。

图2.118　安装百分表

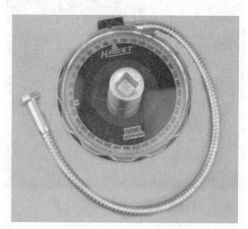

图2.119　角度盘

(5)根据7次测量的最小间隙,按照图1.120所示的表格选择相应不同厚度的垫片,替代专用工具垫片。

平衡轴齿轮与曲轴齿轮标准间隙值为0.01～0.07 mm。

(6)安装选择好的垫片,如图2.121所示。在安装平衡轴时,再次测量平衡轴间隙,直至把平衡轴间隙调整至标准间隙值0.01～0.07 mm。

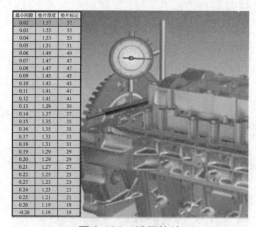

图2.120　选择垫片

图2.121　安装选择好的垫片

2.4.3 任务实施与评价

本任务为平衡轴间隙的调整,具体实施内容如表2.18所示。

表2.18 任务实施

项目	内容
任务名称	平衡轴间隙的调整
任务目标	掌握平衡轴间隙的调整方法
时间安排	60分钟
实施环境	一体化实训室
工具、设备	百分表; 实训发动机平衡轴间隙调整工具; 扭力扳手、120件套; 清洁布;等等
分组安排	每组6～8人
注意事项	注意拆装安全; 注意清洁

本任务的任务实施记录如表2.19所示。

表2.19 任务实施记录

曲轴转角	0°	10°	30°	100°	190°	210°	280°
测量间隙/mm							

要求:平衡轴间隙范围为0.01～0.07 mm,具体参数可参考相关的汽车维修手册。如果平衡轴间隙超出范围,则可参考相关的汽车维修手册来更换垫片。

本任务的技能评价如表2.20所示。

表2.20 技能评价

序号	作业说明	作业内容	配分	评分标准	扣分	得分
1	测量前的准备工作	清洁曲轴及平衡轴齿轮	3	错误扣3分		
2	安装平衡轴	检查操作步骤是否正确	5	错误扣5分		
		检查平衡轴的螺栓紧固顺序是否正确	5	错误扣5分		

续表

序号	作业说明	作业内容	配分	评分标准	扣分	得分
2	安装平衡轴	检查扭矩值调整是否正确	4	错误扣4分		
3	平衡轴间隙的测量	检查测量手法是否正确	14	错误一项扣2分		
		检查测量部位是否正确	14	错误一项扣2分		
		检查测量时曲轴转角是否正确	14	错误一项扣2分		
		检查测量数据是否准确（误差范围不超过0.01 mm）	28	错误一项目扣4分		
		文明操作	3	有不文明操作的，酌情扣分		
4	计算	计算的平衡轴垫片厚度值是否正确	10	错误扣10分		
5	熟练程度	考核时间为55分钟	10	在操作正确和数据准确的基础上，如果提前完成任务，则每提前1分钟加1分（只计整数）		
6	合计		110			

2.4.4 任务小结

通过本任务的学习，你掌握了哪些知识？请将思考的问题记录在表2.21中并进行结果检验。

表2.21 任务小结

序号	问题	自检结果
1		
2		
3		
4		

续表

序号	问题	自检结果
5		
6		
7		
8		
9		
10		

思考题

1. 发动机气缸盖下平面翘曲变形会产生什么后果?

2. 曲轴的裂纹多发生在曲轴的哪个部位?

3. 全浮式活塞销和半浮式活塞销的区别是什么?

4. 为什么车辆更换发动机平衡轴后会有明显振动?

项目三

配气机构的结构与维修

项 目导入

客户委托：一辆大众迈腾汽车配置 EA211 1.4T 的发动机，行驶 160 000 km，发动机的气门弹簧折断，客户要求我们解决这个故障。

请思考：发动机气门弹簧为什么会折断？

学 习目标

1. 知识目标

◎说明气门组的功用及组成；

◎说明气门传动组的功用及组成；

◎说明凸轮轴常见的损伤及检查方法；

◎说明正时系统的功用和类型；

◎说明正时系统常见的故障及检查方法；

◎说明进气系统的功用及组成；

◎说明进气系统常见的故障及检查方法；

◎说明排气系统部件的组成及部件作用。

2. 技能目标

◎完成气门与气门弹簧常见损伤检测及分析；

◎完成气门的装配；

◎完成凸轮轴的装配；

◎完成气门间隙的调整；

◎解释发动机配气相位及对发动机工作性能的影响；

◎完成发动机正时皮带的更换；

◎完成进气系统的密封测试；

◎分析排气系统常见的故障并完成检测；

◎完成排气背压的检测。

3. 素养目标

◎培养团队的合作意识和能力；

◎养成规范作业和安全工作的习惯；

◎建立沟通意识和能力；

◎培养自主解决问题的能力。

学习任务一：气门组的结构与维修

3.1.1 知识准备

1.气门组的功用及组成

(1)气门组的功用。气门组的主要功用是保证气门能够实现气缸的密封。气门头部与气门座严密贴合，可以保证发动机工作时气缸的密封性；气门导管能够保证气门杆的上下运动有良好的导向性，气门弹簧的弹力足以克服气门及其传动件的运动惯性力，使气门能迅速开闭，并保证气门紧压在气门座上。

(2)气门组的组成。气门组一般由气门、气门座、气门导管、气门弹簧、气门弹簧座、气门油封等零件组成，如图3.1所示。

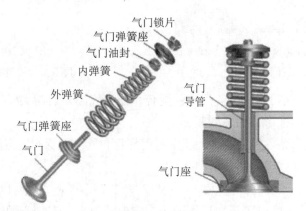

图3.1 气门组

2.气门组零件的结构特点

(1)气门。气门分为进气门和排气门两种，如图3.2所示。通常情况下，进气门头部的直径要大于排气门头部的直径，主要是为了增加进气量，提高燃烧效率，从而获得更好的动力输出。

气门主要由气门头部、气门杆身和气门杆尾部组成。

① 气门头部。气门头部由气门顶部和气门密封锥面组成。

◎ 气门顶部。气门顶部的形状有平顶、喇叭顶和球面顶等，如图3.3所示。

平顶气门头部具有结构简单、制造方便、吸热面

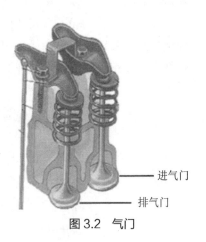

图3.2 气门

积小、质量较小、进气门和排气门都可以使用等特点。

喇叭顶有一定的流线型,可减少进气的阻力,但其头部受热面积大,只适合进气门。

球面顶适用于排气门,其强度高、排气阻力小、废气消除效果好,但其受热面积大,质量和惯性大,加工复杂。

◎ 气门密封锥面。气门密封锥面是与气门杆身同心的圆锥面,与气门座接触,起到密封气道的作用,如图3.4所示。

气门密封锥面与气门顶部平面之间的夹角,称为气门锥角。一般进气门锥角做成45°,有些发动机进气门锥角做成30°。升程相同的情况下,气门的锥角度数越小,气门通过端面越大,进气阻力就越小。但由于锥角度数小的气门顶部边缘较薄、刚度小、密封性与导热性差,所以大多用于进气门。排气门的锥角度数大多为45°。

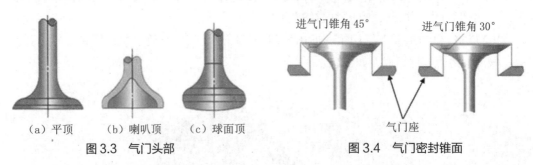

图3.3 气门头部　　图3.4 气门密封锥面

② 气门杆身。气门杆身与气门导管配合,作为气门开启与关闭过程中上下运动的导向,气门杆身为圆柱形,如图3.5所示。

气门杆身的润滑条件极为恶劣,要求气门杆身和气门导管有一定的配合精度和耐磨性。气门杆身的表面都经过热处理和磨光。

③ 气门杆尾部。气门杆尾部用以固定气门弹簧座,固定方式有以下两种。

◎ 锥形锁环式。锥形锁环式使用两个半锥形锁片来固定气门弹簧座,气门杆尾部有环槽来安装锁片,如图3.6(a)所示。安装时,将气门弹簧座连同气门弹簧压下,将两个锥形锁片装于气门杆尾部的环槽中,放松气门弹簧座,在气门弹簧的作用下,气门弹簧座的圆锥孔与锥形锁环的外锥面紧紧压在一起。

◎ 锁销式。图3.6(b)所示为锁销式,它的气门杆尾部有一个安装锁销用的孔。锁销式的安装比较简单,压下弹簧座后,把锁销插入气门杆尾部的径向孔内,放松气门弹簧座,锁销正好位于气门弹簧座外侧面的凹凸内。

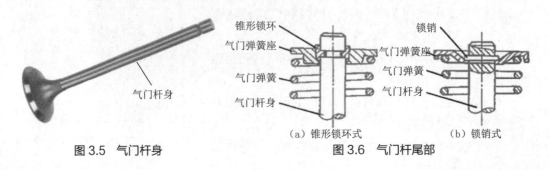

图3.5 气门杆身　　图3.6 气门杆尾部

(2)气门座。图3.7所示为气门座,它有两种:一种是在气缸盖上直接镗削加工而成的;另一种是用合金铸铁或奥氏体钢单独制作成气门座,用冷缩法镶入气缸盖中。镶入式气门座导热性差,加工精度要求高,如果镶入时公差配合选择不当,在高温下工作易脱落,容易导致重大机械事故。

(3)气门导管。图3.8所示为气门导管,其作用是对气门进行运动导向,保证气门做直线往复运动,使气门与气门座能正确贴合。此外,气门导管还把气门杆身的热量传给气缸盖。

气门导管的工作温度较高,而且润滑条件较差,靠配气机构工作时飞溅起来的润滑油来润滑气门杆身和气门导管孔。

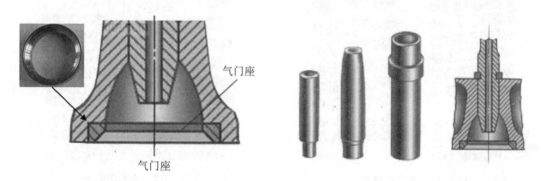

图3.7 气门座　　　　　　　　图3.8 气门导管

(4)气门弹簧。图3.9所示为气门弹簧,其作用是保证气门及时落座并紧密贴合,防止气门在发动机振动时发生跳动,破坏其密封性。

气门弹簧在工作时,如果工作频率与其自然振动频率相等或成某一倍数时,将会发生共振,造成气门反跳、落座冲击,强烈的共振可使弹簧折断。为了避免气门弹簧因共振发生断裂,一般采用以下方法进行预防。

① 提高气门弹簧的自然振动频率,即设法提高气门弹簧的刚度,如加粗钢丝直径或减小气门弹簧的圈径。加粗钢丝直径的气门弹簧如图3.10所示。

这种方法比较简单,但由于弹簧刚度大,增加了功率消耗和零件之间的冲击负荷。

图3.9 气门弹簧　　　　　　　　图3.10 加粗钢丝直径的气门弹簧

②单气门弹簧。图3.11所示为单气门弹簧，它分为等螺距弹簧和变螺距弹簧。在变螺距弹簧压缩时，螺距小的一端逐渐叠合，有效圈数逐渐减小，自然频率也就逐渐提高，避免共振的发生。在安装变螺距弹簧时，螺距小的一端应朝向气门头部。

③双气门弹簧。双气门弹簧，是指每个气门装两根直径不同、旋向相反的内外弹簧，如图3.12所示。由于两个弹簧的自然振动频率不同，当某一根弹簧发生共振时，另一根弹簧可起到减振作用。

螺旋旋向相反，可以防止一根弹簧折断时卡入另一根弹簧内，导致好的弹簧被卡住或损坏。另外，如果某一根弹簧折断时，则另一根弹簧仍可保证气门不落入气缸内。

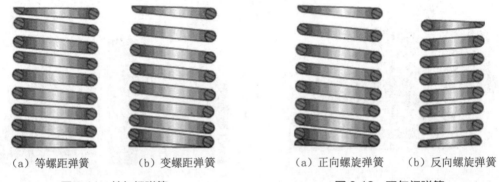

(a) 等螺距弹簧　　(b) 变螺距弹簧　　　　(a) 正向螺旋弹簧　　(b) 反向螺旋弹簧

图3.11　单气门弹簧　　　　　　　　　图3.12　双气门弹簧

(5) 气门弹簧座。图3.13所示为气门弹簧座，其作用是限位安装气门弹簧并将其张力施加给气门机构，确保气门和气门座的气密性良好。同时，在气门开闭过程中通过气门弹簧的张力施加一个扭转力，用来碾碎气门和气门座之间的积炭。这个扭转力需要气门上座和气门下座一起完成。

(6) 气门油封。图3.14所示为气门油封，其作用是给气门和气门导管之间密封，防止润滑油通过气门导管进入燃烧室，还可以防止气缸中的可燃混合气及燃烧后的废气泄漏。

气门油封是发动机气门组的重要零件之一，在高温下与汽油和润滑油相接触，需要采用耐热性和耐油性优良的材料，一般由氟橡胶制作而成。

图3.13　气门弹簧座

图3.14　气门油封

3.1.2 任务训练

1.气门组零件常见的损伤及原因

(1)气门的损伤及原因。气门常见的损伤为气门头部工作面的磨损、气门头部工作面的烧蚀和气门杆身的弯曲变形等。

① 气门头部工作面的磨损。气门头部的磨损主要集中在气门密封锥面，多为接触疲劳磨损和高温腐蚀磨损，如图3.15所示。

发动机燃烧生成的氧化物及酸腐蚀，加上落座时的冲击力形成高温腐蚀磨损。

发动机长期重负荷工作、气门间隙过大、气门密封接触带过窄等都会加速气门头部工作面的磨损。

② 气门头部工作面的烧蚀。气门头部工作面的烧蚀主要是由于它与气门座接合面密封不良，发生漏气后引起的，如图3.16所示。

发动机过热引起的气门变形，气门与气门座面研配不良，气门间隙过小，气门弹簧弹力不足，过多的积炭使气门卡滞等都会造成气门头部工作面与气门座接合面密封不良。

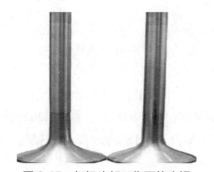

图3.15 气门头部工作面的磨损

图3.16 气门头部工作面的烧蚀

③ 气门杆身的弯曲变形，图3.17所示为气门杆身的弯曲变形。气门杆身弯曲变形的主要原因有：气门材质不良、发动机高温爆燃、气门锁片脱落，或者气门弹簧断裂导致气门脱落、掉入气缸、发动机正时错乱、气门与活塞发生撞击等。

(2)气门弹簧的损伤及原因。气门弹簧常见的损伤为断裂、歪斜和弹力减弱。

① 气门弹簧的断裂。气门弹簧的断裂原因有制造上存在缺陷。气门弹簧的表面有麻点和腐蚀坑，在腐蚀坑处易引起应力集中，导致弹簧疲劳折断，如图3.18所示。

图3.17 气门杆身的弯曲变形

发动机在运行过程中，若转速经常性突然变化（例如，频繁而突然地增大和减小节气门等），则会使弹簧被压缩和伸张的频率突然猛增，导致其疲劳折断。

② 气门弹簧的歪斜和弹力减弱。气门弹簧在长时间使用后，会因为金属疲劳而产生变形、歪斜、自由长度缩短和弹力减弱，如图3.19所示。

发动机长时间大负荷或者气门关闭不严，会导致气门弹簧的温度升高，使气门弹簧退火、弹力减弱。

发动机频繁轰油门会加速气门弹簧的疲劳，致使气门弹簧的弹力减弱。

气门研磨方法

图3.18 气门弹簧的断裂

图3.19 气门弹簧的歪斜和弹力减弱

2. 气门组零件的检测与维修

（1）气门的检测与维修。

① 气门杆身磨损的检测与维修。首先进行目视检查，如果发现气门杆身弯曲、点蚀或严重磨损，气门锁键槽磨损或端部磨损，则要更换气门。

用手触摸气门杆身有无明显的阶梯感觉，若无，则使用经过清洁和检验的外径千分尺在气门杆身的上、中、下3个部位再翻转90°测量气门杆身的直径，如图3.20所示；如果气门杆身磨损大于0.05 mm（具体车型参考相关的汽车维修手册），则更换气门或修整，可镀铬修复到原尺寸。

② 气门杆身弯曲的检测与维修。图3.21所示为气门杆身弯曲的检测。检测气门杆的弯曲度时，应将气门杆身放在V形块的V形槽内，然后将百分表座固定在固定的位置上，百分表指针接触气门杆身的中间及头部工作面并调零，将气门杆身转动一周，百分表摆差的一半就是气门杆身直线度及头部圆度的误差。

如果气门头部的圆度超过0.05 mm，或者气门杆身的直线度超过0.02 mm（具体车型参考相关的汽车维修手册），则应更换或进行校正、修整，可镀铬修复到原尺寸。

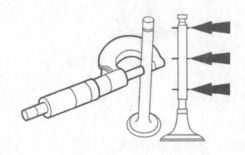

图3.20 气门杆身磨损的检测

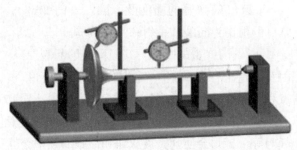

图3.21 气门杆身弯曲的检测

(2)气门与气门座之间密封性的检测与维修。

① 气门与气门座配合面的检测。在检测气门与气门座时,气门与气门座的工作锥面的角度应一致,如图3.22所示。气门与气门座的密封带位置在中部靠里。

气门与气门座的密封带宽度,在一般情况下,进气门为1.0~2.0 mm,排气门为1.5~2.5 mm。使用适当的标尺测量气门座密封带的宽度,如果宽度超标,则更换气门座,然后使用气门座铰刀将气门座修整至标准角度和工作面宽度,并研磨气门。

② 气门密封的检测。图3.23所示为气门密封的检测,气门密封的检测可使用渗油检测法和涂色鉴别法。

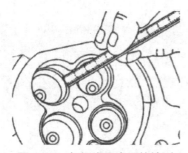
图3.22 气门座配合面的检测

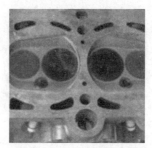
图3.23 气门密封的检测

a. 渗油检测法。将气门放入相配的气门座中,用汽油或煤油浇在气门顶部上,5分钟后观察气门杆身有无燃油渗漏,如果无渗漏,则表明密封良好。

b. 涂色鉴别法。在气门工作面上薄薄涂抹一层红丹油,将气门压在座圈上旋转1/4圈后取出。如果气门被刮去的红丹油布满气门座圈接触面并且无间断现象,则密封符合要求;如果气密性检查不合格,则需要研磨气门。研磨气门有手工研磨和机器研磨两种。

(3)气门与气门导管的配合间隙的检测。图3.24所示为气门与气门导管的配合间隙的检测,将气门提起至气缸盖平面15 mm左右,将百分表架固定于气缸盖上,百分表杆顶放在气门顶部边缘处,然后用手沿触针方向来回推动气门,百分表读数即为气门杆与气门导管的配合间隙,一般不应超过0.15 mm(具体参考相关汽车维修手册)。

(4)气门弹簧自由长度和歪斜的检测。图3.25所示为气门弹簧自由长度和歪斜的检测。气门弹簧自由长度可以使用卡尺或者直尺测量,如果弹簧自由长度小于标准值2 mm,则应更换气门弹簧,如图3.25所示。

图3.24 气门与气门导管的配合间隙的检测

图3.25 气门弹簧自由长度和歪斜的检测

气门弹簧的歪斜可以使用拐尺检查,将拐尺和气门弹簧放置在同一平面上,各道弹簧圈外径应在同一平面,其误差应不超过1 mm,否则应更换。

(5)气门组的安装。

① 在气门与气门弹簧的各项检测及气密性都正常之后,需要再次清洁气缸盖及气门组,然后进行气门的装配,如图3.26所示。

在气门再次使用或者更换新气门研磨之后,需要注意标记位置,按照原位置安装。

② 在气门杆身上涂抹一层新的发动机润滑油,按照标记位置将气门安装到气门导管中,检查并确认气门能够平稳地上下移动。气门润滑如图3.27所示。

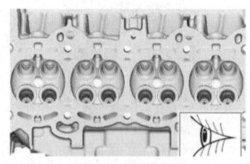

图3.26 清洗气门组

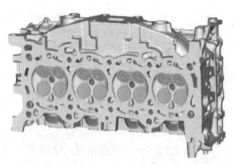

图3.27 气门润滑

③ 使用气门油封安装工具来安装新的气门油封,如图3.28所示。

注意:进气门和排气门的气门油封不能装错。

④ 安装气门弹簧与弹簧座。

注意:将螺距小的气门弹簧端部朝向气缸盖放置。

⑤ 安装气门弹簧压缩器,可以压缩气门弹簧并安装气门锁片,如图3.29所示。

注意:最好使用一个小螺丝刀和多用途润滑脂,辅助安装气门锁片。

⑥ 拆下气门弹簧压缩器,按照上面的方法继续安装其他的气门。

所有气门安装完毕后,用橡胶锤轻轻敲击每个气门杆顶部2至3次,以确保气门和气门锁片正确就位。

注意:仅允许沿着气门杆的轴线敲击气门杆身,这样不会弄弯气门杆身。

气门安装的方法

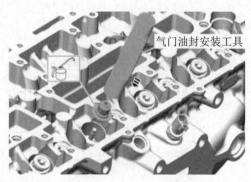

图3.28 安装气门油封

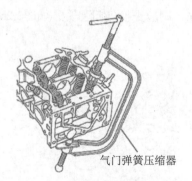

图3.29 安装气门弹簧压缩器

3.1.3 任务实施与评价

本任务为气门杆身磨损的检测及气门安装，具体实施内容如表 3.1 所示。

表3.1 任务实施

项目	内容
任务名称	气门杆身磨损的检测及气门安装
任务目标	掌握气门杆身磨损的检测方法； 掌握气门的安装方法
时间安排	60 分钟
实施环境	一体化实训室
工具、设备	外径千分尺； 气门； 气缸盖； 气门弹簧压缩器； 清洁布；等等
分组安排	每组 6～8 人
注意事项	注意拆装安全； 注意清洁

本任务的任务实施记录如表 3.2 所录。

表3.2 任务实施记录

进气门和排气门	气门杆身的上部		气门杆身的中部		气门杆身的下部	
	横向	纵向	横向	纵向	横向	纵向
进气门						
排气门						

要求：气门杆身的进气门和排气门不允许超过使用极限（进气门和排气门的直径不大于0.05 mm），具体参数可参考相关的汽车维修手册。如果气门杆身的进气门和排气门超出使用极限范围，则可参考相关的汽车维修手册更换或进行修复处理。

本任务的技能评价如表3.3所示。

表3.3 技能评价

序号	作业说明	作业内容	配分	评分标准	扣分	得分
1	测量前的准备工作	清洁千分尺	4	未做扣4分		
		校验千分尺	4	未做扣4分		
		用手触摸气门有无阶梯感	4	未做扣4分		
2	气门杆身磨损的检测	检查检测手法是否正确	12	错误一项扣1分		
		检查检测部位是否正确	12	错误一项扣1分		
		检查检测结果是否正确	24	错误一项扣2分		
		文明操作	5	有不文明操作的，酌情扣分		
3	处理意见	确定是否需要修理	4	判断错误扣4分		
4	气门的安装	清洁气门和气门座	4	未做扣4分		
		检查气门安装时是否涂抹润滑油	4	未做扣4分		
		检查气门是否平稳地上下移动	4	未做扣4分		
		检查气门油封是否装错	4	错误扣4分		
		检查气门安装步骤是否正确	15	安装步骤有缺项的，酌情扣分		
5	熟练程度	考核时间为55分钟	10	在操作正确和数据准确的基础上，如果提前完成任务，则每提前1分钟加1分（只计整数）		
6	合计		110			

3.1.4 任务小结

通过本任务的学习，你掌握了哪些知识？请将思考的问题记录在表3.4中并进行结果检验。

表3.4 任务小结

序号	问题	自检结果
1		
2		
3		
4		
5		
6		
7		
8		
9		
10		

学习任务二：气门传动组的结构与维修

3.2.1 知识准备

1. 气门传动组的功用及组成

（1）气门传动组的功用。气门传动组的功用是让进气门和排气门按照配气相位规定的时刻进行开启和关闭，并且保证气门有足够的开度。

（2）气门传动组的组成。气门传动组一般由凸轮轴、正时齿轮、挺柱、推杆、摇臂与摇臂轴等零件组成，如图3.30所示。

2. 气门传动组的零件结构特点

（1）凸轮轴。凸轮轴的作用是驱动和控制各缸气门的开启和关闭，使其符合发动机的工作顺序、配气相位和气门开度的变化规律等要求。

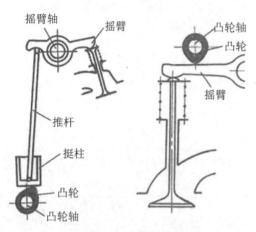

图 3.30　气门传动组

凸轮轴的主体是一根与气缸体长度相同的圆柱形棒轴，有若干个凸轮、轴径和支撑点，用于驱动气门，一端与正时齿轮连接，如图3.31所示。

图3.31　凸轮轴

按照在发动机上安装位置的不同，凸轮轴分为下置式、中置式和顶置式。

① 下置式凸轮轴。下置式凸轮轴位于曲轴箱内，如图3.32所示，其优缺点如下：

◎ 优点：凸轮轴离曲轴较近，一般用一对齿轮驱动。

◎ 缺点：运动件多，凸轮轴至气门的传动链长，整个机构的刚度差、结构复杂、发动机体积大，多用于较低转速发动机。

下置式凸轮轴与曲轴之间的传动大多采用齿轮传动，多用于载货汽车和大中型客车发动机。

② 中置式凸轮轴。中置式凸轮轴位于气缸体上部，如图3.33所示，其优缺点如下：

◎ 优点：与下置式凸轮轴相比，中置式凸轮轴减少了推杆（或推杆较短），从而减轻了配气机构往复运动的质量，增大了机构的刚度，更适用于较高转速的发动机。

◎ 缺点：大多数中置式凸轮轴和曲轴也采用齿轮传动，由于中置式凸轮轴离曲轴距离较远，故它们中间加了一个传动惰轮。

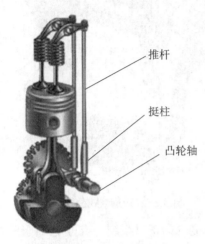

图3.32　下置式凸轮轴

图3.33　中置式凸轮轴

③ 顶置式凸轮轴。顶置式凸轮轴安装在气缸盖上，在汽车发动机上经常用到，如图3.34所示，其优缺点如下：

◎ 优点：将凸轮轴配置在发动机的上方，缩短了凸轮轴与气门之间的距离，省略了气门的推杆和挺柱，将发动机的结构变得更加紧凑，减轻整个系统往复运动的质量，提高了传动效率，整个机构的刚度大，适合于高速发动机。

◎ 缺点：凸轮轴与曲轴传动距离较远，一般用齿形皮带或链条传动。

顶置式凸轮轴分为单顶置式和双顶置式两种。

a.单顶置式凸轮轴。单顶置式凸轮轴是在气缸盖上用一根凸轮轴，直接驱动进气门和排气门，如图3.35所示。在早期的汽车发动机上，普遍采用单顶置式凸轮轴，其优缺点如下：

图3.34　顶置式凸轮轴

◎ 优点：结构简单，维修容易，经济省油，使用耐久性比较好，成本较低，低转速扭力较大。

◎ 缺点：进气和排气都只由一条凸轮轴控制，高转速的时候会导致发动机吸气不足,排气不完全。而且单顶置式凸轮轴很难与可变气门正时系统配合工作,发动机只能在某一个转速区域内实现性能最优,或者照顾低速,或者照顾高速,无法兼顾两者。

b.双顶置式凸轮轴。双顶置式凸轮轴在气缸盖上用两根凸轮轴,分别驱动进气门和排气门,如图3.36所示。

图3.35 单顶置式凸轮轴

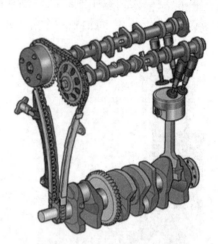
图3.36 双顶置式凸轮轴

当前汽车发动机普遍使用双顶置式凸轮轴配合可变气门正时系统(或可变气门正时和气门升程系统),使发动机的充气效率大幅度提高,发动机在低速和高速时都有比较好的性能。

◎ 优点:进气门和排气门分别驱动,控制比较精准,直接驱动气门,从而省去了传动件,进而可以调校出更大的功率。

◎ 缺点:结构复杂,维修困难,驱动机构和制造工艺复杂,成本高。

按照驱动气门方式来分,顶置式凸轮轴分为间接驱动式和直接驱动式。

间接驱动式又分为摇臂驱动式和摆臂驱动式,凸轮轴首先驱动摇臂或摆臂,摇臂或摆臂再驱动气门。直接驱动式是指凸轮轴直接驱动气门。摇臂驱动、摆臂驱动和直接驱动如图3.37所示。

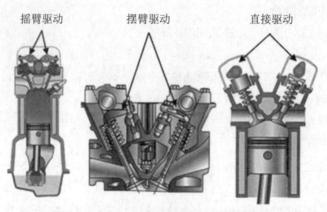
图3.37 摇臂驱动、摆臂驱动和直接驱动

在使用液压式挺柱时，摇臂驱动或直接驱动不需要调整气门间隙；而在使用机械（顶筒）式挺柱时，需要调整气门间隙。

使用气门间隙补偿器的摆臂驱动也不需要调整气门间隙。

（2）正时齿轮。图3.38所示为正时齿轮，它的作用是保证发动机运转时的配气相位，使进气门和排气门的开启和关闭与活塞运动相一致。正时齿轮上带有标记，在装配时可参考相关的汽车维修手册进行安装。

正时齿轮有三种传动方式：链条传动、齿带传动和齿轮传动。

（3）挺柱。图3.39所示为挺柱，它的一端与凸轮接触，另一端与推杆（凸轮轴下置或中置）或气门接触（凸轮轴顶置），它的作用是将凸轮的推力传给气门。

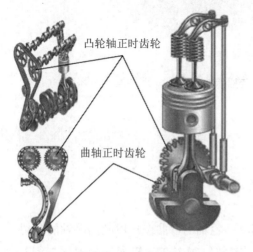

图3.38　正时齿轮

图3.39　挺柱

挺柱分为液压式和机械（顶筒）式两种。液压式挺柱时刻与凸轮轴接触，无间隙运行，噪声很小。机械（顶筒）式挺柱与凸轮轴有一定的间隙，噪声相对较大，并且需要调整气门间隙。

（4）推杆。图3.40所示为推杆，它处于挺柱和摇臂之间，主要作用是将挺柱的推力传给摇臂，以驱动气门的开启。

对于下置式凸轮轴，由于凸轮轴的位置较低，推杆比较长，当发动机发生较大故障时，推杆首先弯曲变形，起到保护其他重要机件（如活塞、气门等）的作用。

（5）摇臂与摇臂轴。摇臂与摇臂轴如图3.41所示。摇臂的作用是将凸轮轴与推杆传来的运动和作用力，改变方向后传递给进气

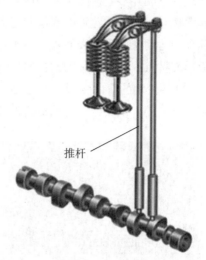

图3.40　推杆

门和排气门，使摇臂开启。摇臂轴通过摇臂支座固定在气缸盖上，摇臂安装在摇臂轴上。摇臂轴是中空的，其上有许多小通孔，摇臂轴与摇臂支座、摇臂上的通孔对应，使发动机把润滑油压给摇臂进行润滑。

为了防止摇臂在摇臂轴上轴向移动，在摇臂与摇臂轴支座之间设计有摇臂弹簧，以稳定摇臂的位置。

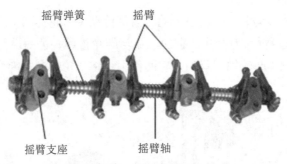

图 3.41　摇臂与摇臂轴

3.2.2　任务训练

1.凸轮轴常见的损伤及产生的原因

凸轮轴常见的损伤包括凸轮轴的异常磨损、凸轮轴的弯曲变形以及凸轮轴的断裂。

（1）凸轮轴的异常磨损。凸轮轴的异常磨损部位集中在凸轮和轴颈上，如图3.42所示。

凸轮轴的异常磨损的主要原因是润滑不足，凸轮轴在正常使用时处于边界润滑和弹性润滑状态。如果凸轮轴的润滑状态恶化，则润滑油膜立即遭到破坏，这时凸轮轴的凸轮和轴颈运动摩擦零件表面直接接触产生干摩擦。干摩擦的存在产生局部高温，使接触表面形成粘点，并且使接触面材料从一个表面转移到另一个表面。

（2）凸轮轴的弯曲变形。凸轮轴是细长轴，在工作中承受径向力（主要是气门弹簧的弹力造成的）很大，容易造成弯曲、扭曲等变形。凸轮轴的变形如图3.43所示。

图 3.42　凸轮轴的异常磨损

图 3.43　凸轮轴的变形

（3）凸轮轴的断裂。凸轮轴出现断裂的常见原因有液压挺柱碎裂（或严重磨损）、严重的润滑不良、凸轮轴质量差以及凸轮轴正时齿轮破裂等。凸轮轴的断裂如图3.44所示。

图3.44　凸轮轴的断裂

凸轮轴的损伤有些是人为引起的，特别是维修人员在维修发动机时对凸轮轴没有进行正确的拆装。例如，拆卸凸轮轴轴承盖时用锤子强力敲击或用改锥撬压，或者安装轴承盖时将位置装错导致轴承盖与轴承座不匹配，或轴承盖紧固螺栓拧紧扭矩过大等。

2.凸轮轴的检测与维修

凸轮轴的检测包括凸轮轴的磨损检测、凸轮轴的弯曲检测、凸轮轴的凸角高度检测。

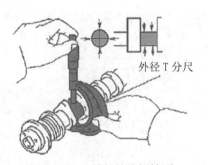

图3.45　凸轮轴的磨损检测

（1）凸轮轴的磨损检测。图3.45所示为凸轮轴的磨损检测，具体操作是：用外径千分尺先在油孔两侧测量，然后旋转90°后再测量。其中，两个测量截面直径之差的1/2取最大值为圆度误差，轴颈两端测得的最大直径和最小直径之差的1/2为圆柱度误差。

圆度误差和圆柱度误差不大于0.015 mm，具体参考相关的汽车维修手册。

（2）凸轮轴的弯曲检测。图3.46所示为凸轮轴的弯曲检测，具体操作是：将凸轮轴放到检验平台的V形铁上，同时把装有百分表的磁性表座安装到检验平台上，让百分表垂直安放在凸轮轴中间的主轴颈上。当百分表短指针压缩1~2 mm时，锁紧磁性表座并固定百分表。

凸轮轴转动一周，观察百分表长指针摆动的角度，此百分表摆动的一半即为凸轮轴弯曲的变形量。

注意：凸轮轴弯曲的变形量应不大于0.03 mm。

（3）凸轮轴的凸角高度检测。图3.47所示为凸轮轴的凸角高度检测，用千分尺测量凸轮高度。具体操作是：首先，将凸轮轴转动90°；其次，测量凸轮直径；最后，两次测得的数据之差即为凸轮轴的凸角高度。

当凸轮轴的凸角高度小于标准值0.04 mm时，更换凸轮轴，具体数值参考相关的汽车维修手册。

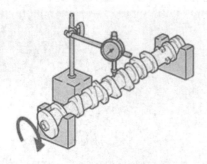
图3.46 凸轮轴的弯曲检测

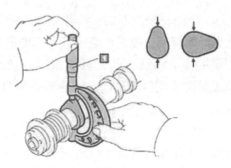
图3.47 凸轮轴的凸角高度检测

3.凸轮轴的安装

凸轮轴的安装方法

① 凸轮轴在安装前,使用清洗剂清洁气缸盖、挺柱和凸轮轴,如图3.48所示。将挺柱涂抹润滑油后,按照原位置安装挺柱。

② 清洗凸轮轴时,将曲轴旋转至1缸上止点,回转曲轴,将活塞位置处于气缸中部,防止损坏气门及活塞,如图3.49所示。

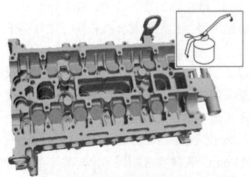
图3.48 清洗凸轮轴

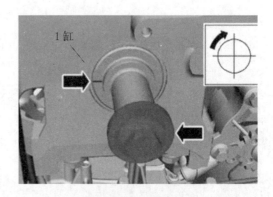
图3.49 旋转曲轴

③ 在凸轮轴轴颈涂抹润滑油,将凸轮轴放入气缸盖下的凸轮轴轴承座内。

注意:进气凸轮轴和排气凸轮轴不能装反。

在凸轮轴轴承盖上涂抹润滑油,安装在凸轮轴上,按照由内到外的顺序,分两次扭紧凸轮轴的固定螺栓,如图3.50所示。

注意:在安装凸轮轴时,注意凸轮轴轴承盖的安装位置和安装方向。在扭紧固定螺栓时,按照顺序每次紧固螺栓2圈后,更换下一个凸轮轴轴承盖,使凸轮轴均匀受力安装,直至将固定螺栓拧紧到标准扭矩为止。

④ 图3.51所示为安装凸轮轴轴承盖(有些车型没有此装置),在轴承盖上涂抹润滑油,按由内到外的顺序把凸轮轴轴承盖的固定螺栓扭紧至标准扭矩。

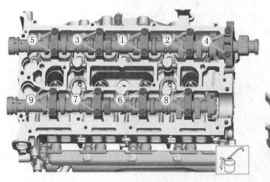
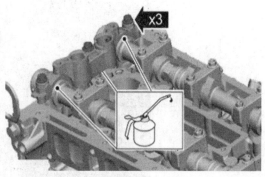

1～9—凸轮轴的固定螺栓。

图 3.50　安装凸轮轴　　　　　　　　图 3.51　安装凸轮轴轴承盖

4.气门间隙的检测与调整

对于未使用液压式挺柱的发动机，在更换凸轮轴、气门后需调整气门间隙，下面以当前发动机常见的机械（顶筒式）挺柱为例，介绍气门间隙的检测及调整方法。

图 3.52　气门间隙的检测

（1）气门间隙的检测。第一种是逐缸检测（调整法），即当任一气缸处于压缩上止点时，该缸气门均可以检测。第二种是使用塞尺测量凸角向上远离挺柱的凸轮，组合塞尺的测量片，直至能将塞尺稍有阻力地塞入到挺柱与凸轮基圆之间，读出并记录塞尺测量片的厚度值。气门间隙的检测如图3.52所示。

转动凸轮轴继续检测其他气门的气门间隙，记录每个气门间隙值和气门位置。

注意：检测气门间隙时发动机需要处于冷态。

（2）气门间隙的调整。根据检测的气门间隙值与相关的汽车维修手册中的气门标准间隙值进行对比，如果气门间隙值不在标准的间隙值范围内，则需要进行更换不同厚度的挺柱（有些车型更换调整片）。调整挺柱的公式为：

$$挺柱厚度 = 测得间隙 + 现有挺柱厚度 - 标准间隙$$

挺柱内有挺柱厚度值标注，根据挺柱内的数值计算出需要替换的挺柱厚度，安装替换的挺柱后，再次测量气门间隙是否到达标准值。

注意：挺柱内的数值为小数点后的数值，图3.53所示的挺柱内径为462 mm，其厚度为3.462 mm。具体参考相关的汽车维修手册。

气门间隙的调整

图 3.53 挺柱

3.2.3 任务实施与评价

本任务为凸轮轴的凸角高度检测,具体实施内容如表 3.5 所示。

表3.5 任务实施

项目	内容
任务名称	凸轮轴的凸角高度检测
任务目标	掌握凸轮轴的磨损检测方法
时间安排	60 分钟
实施环境	一体化实训室
工具、设备	车辆; 外径千分尺; 凸轮轴; 清洁布;等等
分组安排	每组 6~8 人
注意事项	注意清洁

本任务的任务实施记录如表 3.6 所示。

表3.6　任务实施记录

凸轮轴的凸角高度	1缸		2缸		3缸		4缸	
	凸轮1	凸轮2	凸轮1	凸轮2	凸轮1	凸轮2	凸轮1	凸轮2
进气凸轮轴的凸角高度								
排气凸轮轴的凸角高度								

要求：凸轮轴的凸角高度不允许超过使用极限（凸轮轴的凸角高度小于标准值0.04 mm），具体参数可参考相关的汽车维修手册。如果凸轮轴的凸角高度的使用极限超出范围，则可参考相关的汽车维修手册进行更换。

本任务的技能评价如表 3.7 所示。

表3.7　技能评价

序号	作业说明	作业内容	配分	评分标准	扣分	得分
1	测量前的准备工作	清洁千分尺	4	未做扣4分		
		校验千分尺	4	未做扣4分		
		目视检查凸轮轴和凸轮有无异常磨损	4	未做扣4分		
2	气门杆身的磨损检测	检查检测手法是否正确	16	错误一项扣1分		
		检查检测部位是否正确	16	错误一项扣1分		
		检查检测结果是否正确	48	错误一项扣1分		
		文明操作	4	有不文明操作的，酌情扣分		
3	处理意见	确定是否需要修理	4	判断错误扣4分		
4	熟练程度	考核时间为55分钟	10	在操作正确和数据准确的基础上，如果提前完成任务，则每提前1分钟加1分（只计整数）		
5	合计		110			

3.2.4 任务小结

通过本任务的学习，你掌握了哪些知识？请将思考的问题记录在表3.8中并进行结果检验。

表3.8 任务小结

序号	问题	自检结果
1		
2		
3		
4		
5		
6		
7		
8		
9		
10		

学习任务三：发动机正时系统的检测与装配

3.3.1 知识准备

1. 正时系统的功用及分类

（1）正时系统的功用。图3.54所示是正时系统，它是发动机配气机构的重要组成部分，通过控制气门的开闭时刻，准确地实现定时开启和关闭相应的进气门和排气门。配气正时的关键在于保证凸轮轴与曲轴之间正确的相对初始位置，即我们平时所说的对正时。

正时系统的主要工作过程是：由曲轴通过链条或者皮带带动凸轮轴运转，通过凸轮工作面的旋转顶压挺柱，进而推动气门向气缸内运动，从而打开气门；在凸轮工作面旋转之后，气门会在气门弹簧的作用下回位，从而关闭气门。

（2）正时系统的分类及应用。当前发动机的正时系统的传动方式主要有正时皮带传动和正时链条传动。

① 正时皮带传动。正时皮带已在发动机中应用很长时间，具有技术成熟、成本较低、噪声较小的优点，但需要定期检查和维护，一般在汽车行驶50 000～100 000 km就需要更换。正时皮带传动如图3.55所示。

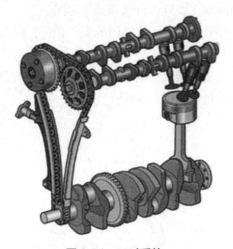 

图3.54 正时系统　　　　　　　图3.55 正时皮带传动

② 正时链条传动。正时链条传动（如图3.56所示）具有结构紧凑、传递功率高、可靠性高、耐磨性高和终身免维护等显著优点。相对于传统的正时皮带传动系统，正时链条传动系统的噪声要稍大一些。

正时皮带传动和正时链条传动都配有张紧器，张紧器分为油压式和机械式两种方式。正时皮带大多使用机械式张紧器，张紧器与正时皮带直接接触，跟随正时皮带运转

图 3.56 正时链条传动

的同时将张紧器提供的压力施加在正时皮带上,使正时皮带保持合适的张紧度。

正时链条使用油压式张紧器,张紧器将压力施加在导轨上,导轨与正时链条接触将压力施加在正时链条上的同时又起到导向作用。

油压式张紧器在发动机不工作且润滑系统没有建立油压之前,通过张紧器的齿条和棘轮自动张紧正时链条,当发动机工作后且润滑系统油压建立后,润滑油进入张紧器内部,推动张紧器内部柱塞,给导轨施加压力。

2. 发动机配气相位及影响

(1)发动机配气相位。发动机的配气相位就是用曲轴转角表示进气门和排气门实际开启和关闭的时刻以及开启的持续时间。

配气相位通常将进气门和排气门的实际开启和关闭的时刻和开启过程,用曲轴转角环形图来表示,这种图形称为配气相位图,如图 3.57 所示。

从理论上来讲进气、压缩、做功和排气各占 180°,进气门和排气门都是在上止点和下止点开闭的,延续时间都是曲轴转角 180°,但实际情况并非如此。

由于发动机的转速很高,一个行程时间很短而且用凸轮驱动气门开启需要一个过程,因此气门全开的时间就更短了,这样短的时间难以做到进气充分,排气彻底。为了改善换气过程,提高发动机性能,实际发动机的气门开启和关闭时刻并不正好是活塞处于上止点和下止点的时刻,而是适当地提前和滞后,以延长进气和排气时间。

发动机的配气相位包括 3 个方面:进气门的配气相位、排气门的配气相位,以及进气门和排气门的重叠。

进气门的配气相位有进气提前角和进气延迟角,排气门的配气相位有排气提前角和排气延迟角,进气门和排气门的重叠有气门重叠角,如图 3.58 所示。

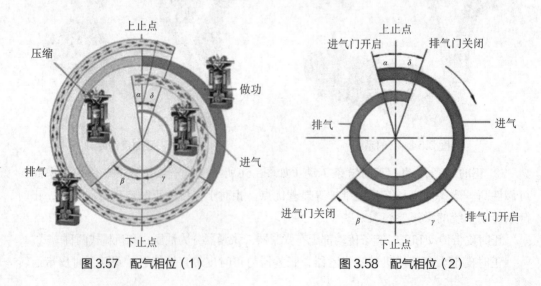

图 3.57 配气相位(1)　　　　　图 3.58 配气相位(2)

① 进气提前角。发动机在排气冲程接近尾声，活塞到达上止点之前，进气门便进入开启状态。从进气门进入开启状态到上止点所对应的曲轴转角称为进气提前角（或早开角）。进气提前角用α表示，α一般为$10°\sim30°$。

进气门早开，使得活塞到达上止点开始向下运动时，因为进气门已有一定的开度，所以可较快地获得较大的进气通道截面，减少进气阻力。

② 进气延迟角。从下止点到进气门关闭所对应的曲轴转角称为进气延迟角。进气延迟角用β表示，一般为$40°\sim70°$。

一方面，进气门利用压力差继续进气，活塞到达下止点时，由于进气阻力的影响，气缸内的压力仍低于大气压，进气门晚关闭，利用压力差可继续进气。另一方面，进气门利用进气惯性继续进气，活塞到达下止点时，进气气流还有相当大的惯性，进气门晚关闭，仍能继续进气。

进气门开启持续时间内的曲轴转角，既进气持续角为$\alpha+180°+\beta$。

③ 排气提前角。从排气门开启到下止点曲轴转过的角度称作排气提前角。排气提前角用γ表示，γ一般为$40°\sim70°$。

排气门恰当地早开启，气缸内还有$300\sim500$ kPa的压力。此时，做功作用已经不大，但利用此压力可以使气缸内的废气迅速地自由排出。同时，当活塞达到下止点时，气缸内只剩$110\sim120$ kPa的压力，使排气冲程所消耗的功率减小。此外，高温废气早排出，还可以防止发动机过热。

④ 排气延迟角。在活塞越过上止点后，排气门才关闭。从上止点到排气门关闭所对应的曲轴转角称为排气延迟角。排气延迟角用δ表示，一般为$10°\sim30°$。

一方面，活塞到达上止点时，气缸内的压力仍高于大气压，利用缸内外压力差可继续排气。另一方面，活塞到达上止点时，废气气流有一定的惯性，利用惯性可继续排气。因此，排气门恰当地晚关闭可以使废气排得较干净。

排气门开启持续时间内的曲轴转角，既排气持续角为$\gamma+180°+\delta$。

⑤ 气门重叠角。由于进气门在上止点前开启，而排气门在上止点后才关闭，这就出现了在上止点附近同一段时间内，排气门和进气门同时开启的现象，这种现象称为气门重叠。重叠时期的曲轴转角称为气门重叠角，气门重叠角等于$\alpha+\delta$。

由于新鲜气流和废气气流的流动惯性都比较大，在短时间内是不会改变流向的，因此只要气门重叠角选择恰当，就不会出现废气倒流进气管和新鲜气体随同废气排除的现象。这对换气是有利的，但应注意，如果气门重叠角过大，当汽油机小负荷运转、进气管内压力很低时，就可能出现废气倒流，使进气量减少。

（2）配气相位对发动机工作性能的影响。

① 配气相位4个角度的大小，对发动机性能有很大的影响，特别是对气门重叠角影响明显，如图3.59所示。

② 进气提前角或排气延迟角增大使气门重叠角增大时，会出现废气倒流和新鲜气体随废气排出的现象。不但影响废气的排出量和进气的充气量大小，还会造成燃料浪费。

③ 如果气门重叠角过小，又会造成排气不彻底和进气量不充分。对发动机影响最大的是进气延迟角和排气提前角。如果进气延迟角过小，则会导致进气门关闭过早而影响进气量。如果进气延迟角过大，则进气门关闭过晚，当活塞上行，气缸内压力升高，将进入气缸内的气体重新压回到进气道内，影响发动机的进气量。如果排气提前角过大，则有做功能力的高温、高压气体会排出气缸，造成发动机的功率下降。如果排气提前角过小，则排气阻力会增加发动机的功耗，还可能造成发动机过热。

合理的配气相位是根据发动机的结构形式、转速等因素通过反复试验而确定的。

发动机的配气相位主要是为了让更多的空气进入发动机而设计的。由于发动机的配气相位是固定的而不是动态的，因此它只能满足发动机在某一时段的需求，而无法满足发动机在全转速范围内的工作需求。发动机技术不断地被改进，现在已研制出发动机可变气门正时系统，用以改善传统发动机配气相位的不足，如图3.60、图3.61所示。

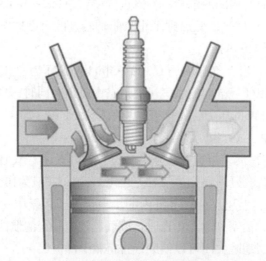

图 3.59 配气相位的影响

图 3.60 可变气门正时系统（1）   图 3.61 可变气门正时系统（2）

3.3.2 任务训练

1. 正时系统常见的损伤及影响

(1) 正时皮带常见的损伤。正时皮带常见的损伤有老化和磨损、跳齿和断裂。

① 正时皮带的老化和磨损。橡胶材质的正时皮带随着发动机工作时间的增加,皮带以及其他附件,如张紧器和水泵等都会发生磨损或老化。正时皮带的老化和磨损如图3.62所示。如果正时皮带在使用过程中接触了油类或其他溶剂,则会使正时皮带腐蚀,或者正时皮带张紧器和惰轮运转不灵活,正时皮带会在滑轮表面滑动,从而导致皮带摩擦生热等,这些都会加速正时皮带老化的过程。

发动机在运转过程中,正时皮带经过上百万次的扭曲和扭转变形,导致正时皮带磨损,加上皮带的老化会使磨损加剧。

② 正时皮带的跳齿和断裂。图3.63所示为正时皮带的跳齿和断裂。正时皮带使用一定里程和时间后,随着磨损的加剧会自然伸张,张紧度会因正时皮带的伸张而变小,发动机在不正常的急速起步或猛加速时都会给正时皮带一个很大的拉力。正时皮带在突然受到一个拉力作用时,会出现瞬时的伸长,使张紧度进一步减小。当拉伸程度超过张紧度的补偿范围时,就出现正时皮带跳齿的现象。

图 3.62 正时皮带的老化和磨损

图 3.63 正时皮带的跳齿和断裂

如果正时皮带过度磨损、老化而没有及时更换或者有异物进入到正时皮带(如石子)使皮带受到损伤,在突然受到过大拉力时,正时皮带就会断裂。如果正时皮带断裂,则会造成活塞与气门发生碰撞,导致气门杆被撞弯,活塞顶部被撞凹,甚至气缸盖也会被撞出窟窿。

(2) 正时链条常见的损伤。正时链条常见的损伤有拉长和异响。

① 正时链条的拉长。正时链条是金属材质的,当发动机一直处于一个高温运转状态时,由于热胀冷缩,因此金属长时间疲劳,会产生一定程度的磨损和拉长。正时链条的拉长如图3.64所示。

② 正时链条的异响。正时链条的异响主要原因有链条张紧器没有张力、正时链条

图 3.64 正时链条的拉长

被抻长和导链板异常磨损等。

正时链条传动系统的运转是靠润滑油来润滑的，如果润滑不好，则会导致整个系统磨损加剧。因此，一定要注意定期更换润滑油，不能使用劣质润滑油。

2. 正时系统的检测与维修

（1）正时皮带的目视检测。将正时皮带外罩拆下，目视检测正时皮带有无裂纹、裂缝、磨蚀、纤维断裂、触摸皮带是否硬度降低，如果有上述状况表明正时皮带已经破损，不能再继续使用。图3.65所示为正时皮带的目视外观检测。

检查张紧器是否有过度旷量，更换正时皮带时需要将张紧器一起更换。

（2）正时链条与链轮磨损的检测。图3.66所示为正时链条与链轮磨损的检测，检测时将链条绕在链轮上。用游标卡尺测量链条在链轮上的直径，测量时游标卡尺的卡钳必须完全接触。

将读出数值与相关的汽车维修手册要求的最小值做比较，如果小于所要求的最小值，则更换链轮或链条。

 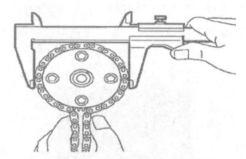

图 3.65　正时皮带的目视外观检测　　　　图 3.66　正时链条与链轮磨损的检测

3. 正时皮带的更换

正时链条传动系统属于免维护系统，正时链条不需要更换，而正时皮带需要视情况定期更换。下面以大众汽车配置EA211 1.4T的发动机为例，介绍正时皮带的更换步骤。

（1）更换正时皮带时使用的专用工具。发动机正时皮带更换时需要使用以下专用工具（其中，固定工具3415N、T10172、扭力扳手接头T10500和梅花扳手T10499在项目一中已经详细介绍，此处不再赘述）：

① 扭力扳手VAS 6583，如图3.67所示。

② 固定螺栓T10340，用于将发动机曲轴固定至1缸上止点，如图3.68所示。

③ 凸轮轴固定装置T10494用于将凸轮轴固定至1缸上止点，如图3.69所示。

（2）发动机正时皮带的更换步骤。

① 在凸轮轴箱上安装凸轮轴固定装置T10494，用固定螺栓T10340将曲轴锁止在1缸上止点处。

② 拧入新的凸轮轴齿形皮带轮螺栓，检查张紧器的凸缘，并使其嵌入到气缸体的铸造凹坑中。

③ 将曲轴正时齿形皮带轮装到曲轴上，安装正时皮带。

④ 安装下部正时齿形皮带护罩，安装减震器/曲轴皮带轮，使用固定工具3415N固定减震器/曲轴皮带轮，然后拧紧减震器/曲轴皮带轮螺栓，拧紧扭矩为150 N·m + 180°。

⑤ 用开口宽度为30的梅花扳手T10499转动张紧器的偏心轮，直到张紧器的设置指针正好位于设置窗口内，用扭力扳手接头T10500和扭矩扳手VAS 6583拧紧张紧轮固定螺栓，拧紧扭矩为25 N·m。

⑥ 使用固定工具T10172来固定凸轮轴正时齿形皮带轮，然后以50 N·m的扭矩拧紧螺栓。

⑦ 拧出螺栓并取下凸轮轴固定装置T10494，拧出固定螺栓T10340。

⑧ 转动曲轴2圈，再次安装曲轴固定螺栓T10340和凸轮轴固定装置T10494进行检验。

在更换正时皮带时，一定要保证清洁，皮带轮和曲轴正时齿形皮带轮之间的表面必须无润滑油、无油脂，如图3.70所示。

发动机正时安装

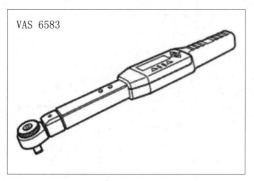

图3.67 扭力扳手 VAS 6583

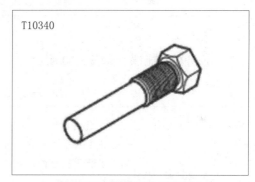

图3.68 固定螺栓 T10340

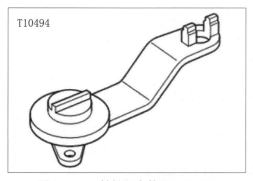

图3.69 凸轮轴固定装置 T10494

图3.70 正时皮带的更换

3.3.3 任务实施与评价

本任务为发动机正时皮带的安装,具体实施内容如表3.9所示。

表3.9 任务实施

项目	内容
任务名称	发动机正时皮带的安装
任务目标	掌握发动机正时皮带的安装
时间安排	60分钟
实施环境	一体化实训室
工具、设备	发动机; 正时安装工具; 清洁布;等等
分组安排	每组6~8人
注意事项	注意拆装安全; 注意清洁

本任务的技能评价如表3.10所示。

表3.10 技能评价

序号	作业说明	作业内容	配分	评分标准	扣分	得分
1	安装曲轴、凸轮轴定位工具	检查安装手法是否正确	5	错误扣5分		
		检查工具是否安装到位	5	错误扣5分		
2	安装曲轴正时齿形皮带轮及正时皮带	检查张紧器的凸缘位置	10	未检查扣5分		
		检查正时皮带安装的顺序是否正确	10	错误扣5分		
3	安装张紧器	检查张紧器的张紧位置是否正确	5	错误扣5分		
		检查张紧器的张紧螺栓紧固扭矩是否正确	15	错误扣15分		
4	紧固凸轮轴皮带轮	检查安装手法是否正确	5	错误扣5分		
		检查螺栓紧固扭矩是否正确	5	错误扣5分		

续表

序号	作业说明	作业内容	配分	评分标准	扣分	得分
5	安装曲轴皮带轮	检查安装手法是否正确	5	错误扣5分		
6	安装完毕正时检验	检查是否进行验证	20	未验证扣20分,验证正时安装不正确扣10分		
		检查正时是否正确				
7	安装流程规范	文明操作	5	有不文明操作的,酌情扣分		
		检查安装步骤是否正确	10	根据安装步骤,酌情扣分		
8	熟练程度	考核时间为55分钟	10	在操作正确和数据准确的基础上,如果提前完成任务,则每提前1分钟加1分(只计整数)		
9	合计		110			

3.3.4 任务小结

通过本任务的学习,你掌握了哪些知识?请将思考的问题记录在表3.11中并进行结果检验。

表3.11 任务小结

序号	问题	自检结果
1		
2		
3		
4		
5		
6		
7		
8		
9		
10		

学习任务四：进气系统的故障与维修

3.4.1 知识准备

1. 进气系统的功用及组成

（1）进气系统的功用。进气系统的功用是根据发动机的不同工况，将提供的足够干净的新鲜空气与喷入进气歧管内的燃油按一定的比例混合后，供发动机燃烧，如图3.71所示。

（2）进气系统的组成。进气系统主要由空气滤清器、进气管、节气门、进气歧管、各种传感器和真空度的软管组成，如图3.72所示。

图 3.71　进气系统

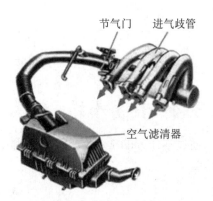

图 3.72　进气系统的组成

2. 进气系统的组件

（1）空气滤清器。空气滤清器的作用是滤除空气中的灰尘和沙粒，保证气缸中进入足量清洁的空气。空气滤清器如图3.73所示。

发动机在工作过程中要吸进大量的空气，如果空气不经过滤清，空气中悬浮的灰尘就会被吸入气缸中，加速活塞组及气缸的磨损。较大的灰尘颗粒进入活塞与气缸之间，会造成严重的拉缸现象，这在干燥多沙的工作环境中尤为严重。

（2）进气管。进气管是进气系统的连接管路，进气管必须保证足够的流通面积，避免急转弯及截面突变，而且管道表面需要较高的光洁度，以减小进气阻力。进气管如图3.74所示。

进气管的每一个连接处都要做好密封，以防止潮气和灰尘进入，尤其是空气滤清器与发动机的进口处之间的管道不得有任何泄漏和细微的小孔，否则会使大量的灰尘进入发动机。

图 3.73 空气滤清器

图 3.74 进气管

（3）节气门。节气门是控制空气进入发动机的阀门。气体进入进气管后会和汽油混合变成可燃混合气，从而燃烧形成做功。

节气门通过进气管连接空气滤清器，下接发动机进气管，故称为"汽车发动机的咽喉"。

图3.75所示为节气门，它有传统拉线式和电子式两种，当前车辆基本都使用电子式节气门。

（4）进气歧管。进气歧管位于节气门与发动机进气门之间，进气歧管将燃油混合气或洁净空气尽可能均匀地分配到各个气缸，为此进气歧管内气体流道的长度应尽可能相等。进气歧管如图3.76所示。

细而长的进气歧管有利于发动机怠速稳定，短而粗的进气歧管在大负荷高转速时有利于发动机功率的提升（进气歧管越长，空气在进气歧管内的振动频率就越低，反之进气歧管越短，空气的振动频率越高）。因此，发动机采用了可变进气歧管控制。此外，为了增加发动机低转速充气效率，还采用了进气歧管涡流控制。

图 3.75 节气门

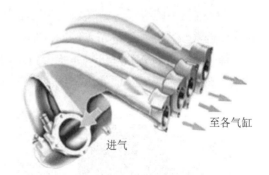

图 3.76 进气歧管

① 可变进气控制。在进气歧管里有个长短气道转换翻板，怠速或部分负荷时用长的进气道，大负荷转换成短气道可以减少进气阻力以提高进气效率。可变进气控制如图3.77所示。

② 进气涡流控制。在发动机低速和小负荷时气流在进气歧管中的流速较慢，在进气歧管增加涡流翼子板垫可以改变进气口的断面积，扰动进气，提高进气涡流强度，从而使燃油雾化效果更好。进气涡流控制如图3.78所示。

在发动机低速或小负荷运转时,关闭涡流翼子板垫,可以提升进气涡流;在发动机高速或大负荷运转时,打开涡流翼子板垫,可以防止对进气产生阻碍。

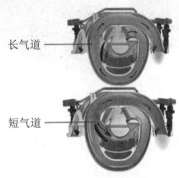

长气道

短气道

图 3.77 可变进气控制

涡流翼子板垫

图 3.78 进气涡流控制

3.4.2 任务训练

1.进气系统常见的故障及影响

发动机进气系统常见的故障是堵塞和漏气。

(1)进气系统堵塞。进气系统堵塞主要是在空气滤芯、节气门、可变进气系统调节机构卡滞。

空气滤清器的滤芯不定期更换,灰尘和沙粒就会堵塞空气滤芯;如果节气门附着的积炭不定期清理,就会导致节气门阀板卡滞,可变进气系统调节机构也会随着进气管内积炭的增加而产生卡滞。进气系统堵塞如图3.79所示。

(2)进气系统漏气。进气系统漏气主要发生在进气管、进气管各连接处、进气歧管和连接进气歧管的其他管路(例如,制动真空助力器连接管路、PCV阀连接管路)。

部分进气连接管路和进气系统密封采用橡胶软管和橡胶密封圈,长时间使用会发生老化、破损等现象,从而导致漏气。进气系统漏气如图3.80所示。

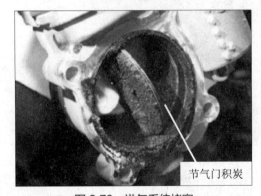

节气门积炭

图 3.79 进气系统堵塞

图 3.80 进气系统漏气

2. 进气系统的管路检查

进气系统的管路需要定期进行检测，目视检测管路有无发生老化和破裂等现象，使用工具检查连接管路的卡箍有无松动等。进气管的检测如图3.81所示。

进气系统空气滤清器需要定期检测更换，节气门和进气管的积炭需要定期清理，以防止卡滞。

3. 进气系统的密封性检测

进气系统节气门前方的管路可以通过目视检查和紧固连接部位排除漏气，而节气门后方的管路和进气歧管漏气可以使用真空表进行检测。

图 3.81　进气管的检测

（1）进气歧管的真空度检测。进气歧管在进行真空度检测时，需要满足以下条件：

① 启动发动机，使发动机达到正常的工作温度。真空表软管通过适配接口接到进气歧管（即连接进气歧管真空管路的接口）。进气歧管的真空度检测如图3.82所示。

② 发动机怠速运转，在真空表上读取真空度读数。

注意：测量时真空表不要放置在发动机旋转部件附近。

（2）检测结果分析。发动机怠速运转时，如果真空表的指针稳定在57～70 kPa，则表明系统的密封性正常，没有漏气现象。真空表的检测结果显示如图3.83所示。

此真空度和数值是在海平面高度检测的标准值，海拔每升高500 m，进气歧管的真空度相应降低4～5 kPa。

进气歧管真空度的检测

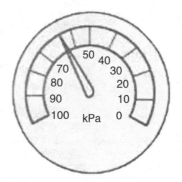

图 3.82　进气歧管的真空度检测　　　图 3.83　真空表的检测结果显示

3.4.3 任务实施与评价

本任务为进气歧管的真空度检测,具体实施内容如表3.12所示。

表3.12 任务实施

项目	内容
任务名称	进气歧管的真空度检测
任务目标	掌握进气歧管的真空度检测方法
时间安排	60分钟
实施环境	一体化实训室
工具、设备	真空表; 真空表适配器的接头;等等
分组安排	每组6～8人
注意事项	注意拆装安全; 注意清洁

本任务的技能评价如表3.13所示。

表3.13 技能评价

序号	作业说明	作业内容	配分	评分标准	扣分	得分
1	测量前准备	检查涡流翼子板垫的放置是否正确	5	错误扣5分		
		检查拆卸真空管的步骤是否正确	5	错误扣10分		
		检查真空表放置的位置是否正确	5	错误扣5分		
		检查发动机是否达到正常的工作温度	5	错误扣5分		
2	控制器的动作测试	检查发动机是否达到稳定急速	5	错误扣5分		
		检查真空度是否正常	10	错误扣10分		
		检查进气歧管是否漏气	5	错误扣5分		

续表

序号	作业说明	作业内容	配分	评分标准	扣分	得分
2	控制器的动作测试	计算进气歧管漏气时的真空度	10	错误扣10分		
		检查使用真空表检测时，连接管路是否漏气	10	错误扣10分		
		观察气门导管磨损时，真空表的指针是如何变化的	10	错误扣10分		
		观察气门弹簧折断或弹力不足时，真空表是如何变化的	10	错误扣10分		
		观察活塞环磨损时，真空表的指针是如何变化的	10	错误扣10分		
		文明操作	10	有不文明操作的，酌情扣分		
3	熟练程度	考核时间为55分钟	10	在操作正确和数据准确的基础上，如果提前完成任务，则每提前1分钟加1分（只计整数）		
4	合计		110			

3.4.4 任务小结

通过本任务的学习，你掌握了哪些知识？请将思考的问题记录在表3.14中并进行结果检验。

表3.14 任务小结

序号	问题	自检结果
1		
2		
3		
4		

续表

序号	问题	自检结果
5		
6		
7		
8		
9		
10		

学习任务五：排气系统的故障与维修

3.5.1 知识准备

1. 排气系统的功用及组成

排气系统的功用是：收集并且排放废气，主要是排放发动机工作所排出的废气，同时使排出的废气污染减小，噪声减小。

图3.84所示为排气系统，它主要由排气歧管、催化式净化器、软连接、排气管、消音器、尾管等组成。

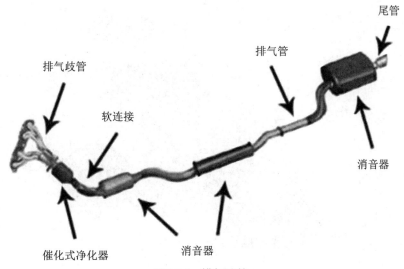

图3.84 排气系统

2. 排气系统的组件

（1）排气歧管。图3.85所示为排气歧管，它与发动机的气缸体相连，将各缸的排气集中起来导入排气总管。排气歧管应尽量减少排气阻力，并避免各缸之间废气相互干扰。

当发动机排气过分集中时，各缸之间会产生相互干扰。也就是说，当某缸排气时，正好碰到别的缸窜来的没有排净的废气，这会增加排气的阻力，进而降低发动机的输出功率。解决的办法是：将各缸的排气尽量分

图3.85 排气歧管

开，每缸一个分支，或者两缸一个分支，以减少废气的干扰。

有些发动机直接将排气歧管集成在气缸盖上，它的优点是在冷车时排气歧管的高温可以快速地加热冷却液；而在发动机高负荷时，冷却液也可以对车辆的排气起到降温的作用。

（2）催化式净化器。图3.86所示为催化式净化器，它与排气总管连接。催化式净化器的关键在于"催化"，即利用催化剂对汽车的废气进行净化，将废气中的有害物质转化为无害物质。

常见的催化式净化器是三元型催化式净化器。壳体用耐高温的不锈钢制成，内部的蜂巢式通道上涂有催化剂，通常，催化剂的成分有铂、钯和铑等稀有金属，通过化学反应将废气中的三种主要的有害气体一氧化碳、氮氧化合物、碳氢化合物转化为无害物质二氧化碳、水和氮气等。

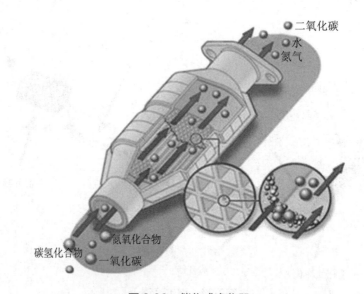

图 3.86　催化式净化器

图 3.87　排气管

（3）软连接及排气管。软连接装在发动机和尾气系统之间，能够实现密封柔性连接，吸收发动机的摇摆位移，避免把发动机的高频振动传递到后面的尾气系统上。

排气管是将催化式净化器、消音器等连接在一起的管路，如图3.87所示。

（4）消音器。图3.88所示为消音器，它的内部有一系列的隔板、腔室、孔洞和管道，利用声波反射互相干扰抵消的现象，使声能逐渐削弱，用以隔离和衰减排气门每次打开时产生的脉动压力。

排气门开启时高速冲出的废气所产生的脉动压力是噪声产生的根源，这种噪声又称为气流噪声，可达120分贝以上。

消音器的横截面是一个圆形或者椭圆形的物体，多用于薄钢板焊制，装在排气系统的中部或者后部位置上。

（5）尾管。图3.89所示为尾管。消音器连接最后一节的是尾管，它是排气系统的最后一段管子，可以将废气引出至车外。

尾管有单排气和双排气两种，一般V形发动机或大排量发动机采用双排气，小排量汽车发动机采用单排气。

图3.88　消音器

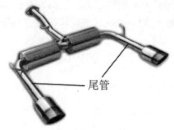

图3.89　尾管

3.5.2　任务训练

1. 排气系统常见的故障

排气系统常见的故障是排气噪声大和排气管堵塞。

（1）排气系统噪声大。排气系统噪声大的主要原因是消音器故障或者排气管漏气，排气系统噪声导致的结果如图3.90所示。

排气系统中的催化式净化器把废气转换成水和二氧化碳排出。当排气管后部的温度较低时，水蒸气冷凝后结成水珠吸附在排气管及消音器内表面，水珠与发动机燃烧后的二氧化硫等化合物发生反应后会形成酸性物质，导致排气管内部腐蚀。

当排气管外部处于沿海地区或者为了防止结冰而撒盐的高速公路环境时，盐分吸附到排气管外表面，同样也会导致排气管外表面腐蚀和氧化。

（2）排气管堵塞。排气管堵塞主要集中在催化式净化器上。催化式净化器内部使用陶瓷载体，陶瓷载体的横截面上通常按照600目（即每平方英寸表面分布600个孔眼，1英寸=25.4 mm）的规格布满了直径不足1 mm的孔眼，发动机燃烧的废气都要通过这些孔眼排到外部。

图3.91所示为排气管堵塞。当发动机混合气燃烧不完全产生的积炭、润滑油窜入气缸燃烧后，其含有的磷、锌等抗氧剂和排气歧管的锈蚀物等各种物质都会附着在催化式净化器的陶瓷载体的表面，造成其孔眼堵塞。发动机不正常燃烧使催化式净化器工作温度升高，也会在催化式净化器的前端形成高温烧结堵塞。

图 3.90 排气系统噪声导致的结果

图 3.91 排气管堵塞

2. 排气系统的检测

排气系统的检测方法主要有外观目视检测和排气背压检测。

（1）排气系统外观目视检测。图 3.92 所示为排气系统外观测试检查的组件。举升起车辆，观察车辆的催化式净化器、消音器及排气管是否存在磕碰的外伤，如果排气噪声大，则重点检测消音器和排气管路有无严重的氧化和腐蚀，从而导致漏气。

如果怀疑催化式净化器堵塞，则重点查看催化式净化器；如果催化式净化器有明显磕碰过的痕迹，那么排气堵塞的可能性会很大。用橡皮锤轻轻敲打催化式净化器（避免重击震碎催化式净化器的芯体），倾听是否有"哗啦哗啦"的声音，如果有此异响，说明催化式净化器内部的蜂窝陶瓷载体破碎。此外，也可以使用内窥镜检测催化式净化器表面堵塞的情况。

（2）排气背压检测。排气背压是指发动机排气的阻力压力。

如果排气背压过大，则会导致充气损失增加，发动机燃烧效率下降，功率输出降低，燃油经济性恶化。如果排气背压过小，则会使排气系统噪声品质变差。

排气背压检测是针对排气管是否存在堵塞所进行的一种常用的检测方法，可以使用排气背压检测表（如图 3.93 所示）进行检测，下面介绍排气背压的检测方法。

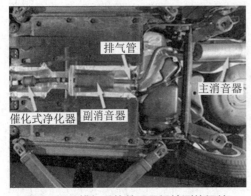

图 3.92 排气系统外观目视检测的组件

图 3.93 排气背压检测表

图3.94所示是排气背压检测，具体检测方法如下：

① 检查排气背压表，使用前检查指针的指示位置是否正常。

② 启动发动机，并使发动机达到正常的工作温度。

③ 拆下催化式净化器前端的氧传感器，在氧传感器的安装座孔处接上排气背压表。在连接时，要注意拧紧的扭矩。注意做好防护，避免烫伤。

在排气背压急速时，压力应不高于0.08 kg/cm²；当发动机转速为3 000 r/min时，压力应不高于0.15 kg/cm²。

④ 在排气背压急速和发动机转速为3 000 r/min时，观察排气背压表的指针。如果指针超过了标准值，则说明排气系统存在堵塞。

⑤ 如果排气背压值超过标准值，则将催化式净化器后面的接口拆下。如果拆下催化式净化器后面的接口，排气背压值还很高，则说明催化式净化器堵塞；如果拆下催化式净化器后面的接口，排气背压值恢复正常，则说明是后面的排气管堵塞。

因为排气温度较高，所以测试时间应尽量缩短，避免仪器连接的橡胶软管部件由于长时间的高温而损坏。

⑥ 拆下排气背压表，采用自然冷却降温，待接头温度和室外温度一致时，方可将仪器放入盒内。

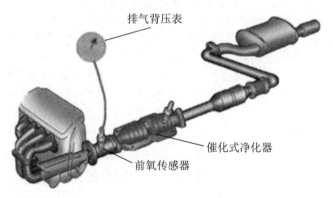

图 3.94　排气背压检测

3.5.3　任务实施与评价

本任务为排气系统排气背压的检测，具体实施内容如表 3.15 所示。

表3.15　任务实施

项目	内容
任务名称	排气系统排气背压的检测

续表

项目	内容
任务目标	掌握排气系统常见的故障及检测方法； 掌握排气系统排气背压的检测方法
时间安排	60分钟
实施环境	一体化实训室
工具、设备	车辆； 排气背压表； 氧传感器拆装工具；等等
分组安排	每组6～8人
注意事项	注意拆装安全； 注意清洁

本任务的任务实施记录如表3.16所示。

表3.16 任务实施记录

检测内容	排气背压怠速时的压力	发动机转速为3 000 r/min时的压力
压力值/(kg/cm^2)		
是否正常		

要求：排气背压怠速时，压力应不高于0.08 kg/cm^2；发动机转速为3 000 r/min时，压力不高于0.15 kg/cm^2。具体可参考相关的汽车维修手册，超出使用范围，视情况更换排气系统。

本任务的技能评价如表3.17所示。

表3.17 技能评价

序号	作业说明	作业内容	配分	评分标准	扣分	得分
1	测量前的准备	检查翼子板垫的放置是否正确	5	未检查扣5分		
		检查发动机是否达到工作温度	5	未检查扣5分		
		检查排气背压表	10	未检查扣10分		

续表

序号	作业说明	作业内容	配分	评分标准	扣分	得分
2	连接排气背压表	检查操作步骤是否正确	10	按操作情况，酌情扣分		
		检查排气背压表的扭矩	10	错误扣10分		
3	压力数值读取	当排气背压怠速时，读取压力数值	10	读取错误扣10分		
		检查当排气背压怠速时，压力数值是否正常	15	错误扣15分		
		当发动机转速为3 000 r/min时，读取压力数值	10	读取错误扣10分		
		检查当发动机转速为3 000 r/min时，压力数值是否正常	15	错误扣15分		
		文明操作	10	有不文明操作的，酌情扣分		
5	熟练程度	考核时间为55分钟	10	在操作正确和数据准确的基础上，如果提前完成任务，则每提前1分钟加1分（只计整数）		
6	合计		110			

3.5.4 任务小结

通过本任务的学习，你掌握了哪些知识？请将思考的问题记录在表3.18中并进行结果检验。

表3.18 任务小结

序号	问题	自检结果
1		
2		
3		
4		

续表

序号	问题	自检结果
5		
6		
7		
8		
9		
10		

思考题

1. 发动机气门弹簧折断会产生什么后果？

2. 凸轮轴异常磨损的原因是什么？

3. 正时皮带为什么需要定期更换？

4. 导致发动机节气门卡死的主要原因是什么？

5. 什么是发动机的排气背压？

项目四
冷却系统的结构与维修

📖 项目导入

客户委托：一辆大众迈腾汽车配置 EA888 1.8T 的发动机，行驶 120 000 km，维修人员在进行车辆检查时，发现冷却液缺失，客户要求解决这个故障。

请思考：车辆为什么会缺失冷却液？

📖 学习目标

1. 知识目标

◎ 说明水循环冷却系统的功用及组成；
◎ 说明水循环冷却系统的小循环和大循环；
◎ 说明冷却液的组成及特点。

2. 技能目标

◎ 完成水循环冷却系统的故障诊断与维修；
◎ 完成水循环冷却系统的压力测试；
◎ 完成冷却液的选择；
◎ 完成冷却液的更换。

3. 素养目标

◎ 培养团队的合作意识和能力；
◎ 养成规范作业和安全工作的习惯；
◎ 建立沟通意识和能力；
◎ 培养自主解决问题的能力。

学习任务一：水循环冷却系统的故障与维修

4.1.1 知识准备

1. 水循环冷却系统的功用及组成

（1）水循环冷却系统的功用。水循环冷却系统可以保证发动机在适宜的温度下工作。

（2）水循环冷却系统的组成。水循环冷却系统包括内部水道、冷却液管路、散热器、储液罐、水泵、节温器和暖风水箱等部件，如图4.1所示。

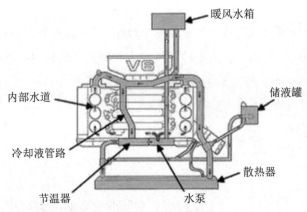

图4.1 水循环冷却系统的组成

2. 水循环冷却系统的组成部件

（1）内部水道。内部水道包括气缸体水道和气缸盖水道，水道内的冷却液对燃烧室周围零件（包括气缸体水套、气缸盖、气门等）进行冷却。

（2）冷却液管路。冷却液管路是水循环冷却系统部件连接和冷却液流动的通道。

（3）散热器。图4.2所示为散热器，其作用是储存冷却液和散发的热量。

冷却液在缸体水套中吸收热量，流到散热器后将热量散去，再回到缸体水套内不断循环，从而达到散热调温的效果。

散热器分为开式和闭式两种。开式散热器上面有散热器盖，冷却系统从散热器盖处添加冷却液；闭式

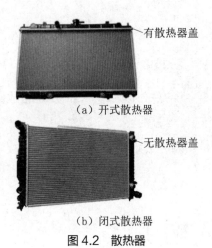

(a) 开式散热器

(b) 闭式散热器

图4.2 散热器

散热器没有散热器盖，冷却系统需要在储液罐处添加冷却液。

（4）储液罐。储液罐的作用是接纳高温膨胀后的液体，以及冷却后向发动机补充液体，辅助散热器工作。

储液罐分为无压式和压力式两种，如图4.3所示。无压储液罐用于开式散热器，冷却系统受热膨胀，在散热器盖泄压。泄压时冷却液进入储液罐，当冷却系统温度降低，冷却液通过散热器盖流回散热器。

压力储液罐用于闭式散热器，省去了散热器盖，内部气液分离，通过储液罐盖泄压，通过自身膨胀也可以起到减缓压力的作用。

（5）水泵。水泵的作用是通过对冷却液进行加压，保证其在冷却系统中循环流动，加速热量的散发。

水泵有机械式和电动式两种，如图4.4所示。机械水泵由曲轴通过皮带进行驱动，电动水泵由电控单元进行控制。

（a）无压储液罐　　（b）压力储液罐　　　　　　　（a）机械水泵　　　　（b）电动水泵

图4.3　储液罐　　　　　　　　　　　　图4.4　水泵

（6）节温器。节温器的作用是根据冷却液温度的高低自动调节进入散热器的水量，改变水的流向，以调节冷却系统的散热能力，保证发动机在合适的温度范围内工作。

节温器分为机械式和电子式两种，如图4.5所示。机械节温器主要使用石蜡式，感受冷却液温度，打开或关闭节温器上的阀门。机械节温器调控响应比较缓慢，控制精度低。电子节温器在机械节温器的基础上，通过加热元件给石蜡加热。电子节温器调节精度高、响应速度快，但是故障率较高。

（7）暖风水箱。图4.6所示为暖风水箱，它的作用是把发动机内流出的高温冷却液通过冷却液管路引入到驾驶室内，在室外温度较低时，给驾驶室提供热源，用于驾驶室取暖和玻璃除霜。

（a）机械节温器　　（b）电子节温器

图4.5　节温器　　　　　　　　　　　图4.6　暖风水箱

3.水循环冷却系统的小循环和大循环

水循环冷却系统的工作主要有小循环和大循环两种方式。发动机处于大循环冷却系统还是小循环冷却系统取决于节温器。如果节温器阀门未打开,则发动机处于小循环冷却系统;如果节温器阀门全部打开,则发动机处于大循环冷却系统。

(1)小循环冷却系统。图4.7所示为小循环冷却系统。当冷却液温度未达到节温器的打开温度时,发动机处于小循环状态,水泵旋转给冷却系统加压,冷却液从气缸体、气缸盖的水道中流出,经过暖风水箱及其他需要加热的部件后回到水泵进入气缸体。

由于冷却液没有进入散热器,因此热量损失小,这样可以加快发动机升温,使发动机快速进入到正常工作温度。

(2)大循环冷却系统。图4.8所示为大循环冷却系统。当冷却液温度达到节温器的打开温度时,节温器阀门关闭了小循环管的旁通水路,冷却液将穿过节温器流入到散热器的上水室中,而经过散热器散热后温度已经下降的冷却液,回流到散热器的下水室中,经水泵后再次被泵入气缸体中重新参加冷却循环。

机械节温器的开启温度一般在80~90℃之间,而电子节温器的开启温度要高于机械节温器。具体车型节温器的开启温度,参考相关的汽车维修手册。

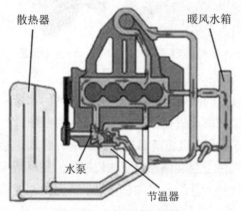

图4.7 小循环冷却系统

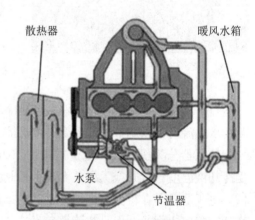

图4.8 大循环冷却系统

4.1.2 任务训练

1.水循环冷却系统常见的故障

水循环冷却系统常见的故障有冷却液泄漏和节温器故障,主要检测方法有节温器开启检测和水循环冷却系统泄漏检测。

(1)冷却液泄漏。图4.9所示为冷却液泄漏,它主要分为外部泄漏和内部泄漏。

① 外部泄漏主要是管路老化、破损,散热器及暖风水箱出现裂纹和穿孔等。

② 内部泄漏主要是气缸体水套、气缸垫、气缸盖水道出现裂纹等。

（2）节温器故障。图4.10所示为节温器故障。如果节温器出现故障导致阀门无法打开，发动机进入不了大循环冷却系统，就会导致发动机高温。如果发动机的节温器阀门始终处于打开位置，发动机就会一直工作在大循环冷却系统状态，就会导致发动机升温慢，发动机长时间处于低温状态。

图4.9 冷却液泄漏

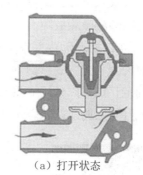（a）打开状态　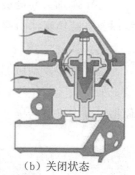（b）关闭状态

图4.10 节温器故障

2. 水循环冷却系统的检测

（1）节温器开启检测。节温器的检测分为节温器车上检测和节温器车下检测。

① 节温器车上检测。节温器车上检测是根据散热器的上水管和下水管的温度进行判断，冷车启动发动机，如图4.11所示。如果发动机升温很慢并且随着发动机温度的升高，散热器的上水管和下水管的温度一直相差不大，则可以初步判断节温器卡滞在打开的位置。如果发动机升温很快，达到正常工作温度后，散热器的下水管温度一直处于冷态，甚至电子冷却风扇开始工作后，散热器的下水管的温度还是很低，则可以初步判断节温器卡滞在关闭位置。

② 节温器车下检测。经过初步判断节温器故障后，将节温器拆下。如果节温器处于打开或关闭不严、工作表面划伤等情况下，则更换节温器。如果节温器关闭正常，则可以通过加热的方法进行开启检测。将节温器放入容器内，加水后进行加温，使用温度计测量温度，当温度达到相关的汽车维修手册上规定的节温器开启温度时，检查节温器阀门能否打开，如果不能打开，则更换节温器。节温器车下检测如图4.12所示。

图4.11 节温器车上检测

图4.12 节温器车下检测

（2）水循环冷却系统泄漏检测。水循环冷却系统泄漏检测分为外部泄漏检测和内部泄漏检测。

① 外部泄漏检测。图4.13所示为外部泄漏检测，它可以通过目视检测散热器和各管路连接处是否有泄漏冷却液的痕迹。

对于添加荧光剂的冷却液，可以使用紫外线灯照射检查管路和气缸体外表面细小裂纹以及气缸体水堵引起的冷却液微漏故障。

② 内部泄漏检测。图4.14所示为内部泄漏检测。水循环冷却系统在发生内部泄漏时，会伴随着发动机加速无力、排气管冒白烟、润滑油液面升高和润滑油呈乳白色等现象。如果故障部位不好确定，则可以使用专用的水箱压力表，给水循环冷却系统打压，模拟温度上升以后压力上升导致的泄漏状态。此方法也适合外部泄漏检测。

图4.13 外部泄漏检测

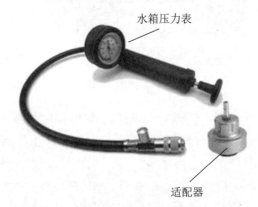

图4.14 内部泄漏检测

下面具体介绍水循环系统的压力检测。

工具：水箱压力表。

检测方法：

① 选择合适的适配器将压力表与冷却液的加注口连接在一起。首先，为了防止高温烫伤，应等待冷却液温度降低后再打开冷却液储液罐盖。其次，观察冷却液的液位，如果冷却液的液位过低，则应补充至正常范围内。补充冷却液如图4.15所示。

② 在连接水箱压力表之前，需要先给水箱压力表打压，如图4.16所示。观察压力表本身是否漏气，检查适配器密封圈是否损坏。

图4.15 补充冷却液

图4.16 给水箱压力表打压

③ 连接好水箱压力表之后，反复推拉推杆为冷却系统加压至相关的汽车维修手册规定的最大压力值以下。

④ 静止5分钟，观察水箱压力表度数的变化。

⑤ 如果水箱压力表的度数下降，则说明水循环冷却系统有泄漏；如果水箱压力表的度数没有变化，则说明水循环冷却系统没有泄漏。

⑥ 测量怠速和3 000 r/min时的压力数值。

4.1.3　任务实施与评价

本任务为水循环冷却系统的压力检测，具体实施内容如表4.1所示。

表4.1　任务实施

项目	内容
任务名称	水循环冷却系统的压力检测
任务目标	掌握水循环冷却系统常见的故障及检测方法；掌握水循环冷却系统的压力检测方法
时间安排	60 分钟
实施环境	一体化实训室
工具、设备	车辆；水箱压力表套件；等等
分组安排	每组 6～8 人
注意事项	注意车辆安全；注意清洁

本任务的任务实施记录如表4.2所示。

表4.2　任务实施记录

检测内容	给压力表打压时	静止5分钟以后
压力值 /Mpa		
是否正常		

要求：水循环冷却系统的压力值具体参数可参考相关的汽车维修手册。如果检测的水循环冷却系统的压力值超出范围，则可参考相关的汽车维修手册进行更换。

本任务的技能评价如表4.3所示。

表4.3 技能评价

序号	作业说明	作业内容	配分	评分标准	扣分	得分
1	检测前的准备	检查翼子板垫放置的是否正确	5	错误扣5分		
		检查发动机是否处于低温状态	5	错误扣5分		
		检查水箱压力表	10	未检查扣10分		
		检查适配器密封圈	10	未检查扣10分		
2	连接水箱压力表	记录操作步骤	10	按操作情况，酌情扣分		
		检查冷却液的液位	5	未检查扣5分		
		判断加压的压力值是否超过范围	10	判断错误扣10分		
3	压力数值的读取	读取加压时的压力值	5	读取错误扣5分		
		读取5分钟后的压力值	10	读取错误扣10分		
		判断水循环冷却系统是否泄漏	10	判断错误扣10分		
4	拆卸水箱压力表	在排气泄压后拆卸	10	没有排气泄压扣10分		
		文明操作	10	有不文明操作的，酌情扣分		
5	熟练程度	考核时间为55分钟	10	在操作正确和数据准确的基础上，如果提前完成任务，则每提前1分钟加1分（只计整数）		
6	合计		110			

4.1.4 任务小结

通过本任务的学习，你掌握了哪些知识？请将思考的问题记录在表4.4中并进行结果检验。

表4.4 任务小结

序号	问题	自检结果
1		
2		
3		
4		
5		
6		
7		
8		
9		
10		

学习任务二：冷却液的性能检测与更换

4.2.1　知识准备

1.冷却液的组成及分类

（1）冷却液的组成。冷却液的全称叫作防冻冷却液，是具有防冻功能的冷却液。冷却液可以在寒冷冬季停车时，防止液体因结冰而胀裂散热器和冻坏发动机气缸体或气缸盖。

图4.17　冷却液装置

（2）冷却液的分类。冷却液由水、防冻剂和添加剂组成。冷却液装置如图4.17所示。按照冷却液的成分不同，冷却液可分为酒精型、甘油型、乙二醇型等类型。

① 酒精型冷却液。酒精型冷却液是用乙醇作为防冻剂。它具有价格便宜、流动性好、配制工艺简单，但沸点较低、易挥发损失、冰点易升高和易燃等特点，现已逐渐被淘汰。

酒精型冷却液容易挥发，使用中应注意防火。在发动机水温高时，不要打开散热器盖，也不要让发动机立即熄火，以免因冷却液急剧升温而突然喷出，造成失火。

② 甘油型冷却液。甘油型冷却液用丙三醇作为防冻剂。甘油型冷却液是最早、最传统的冷却液。

甘油型冷却液具有沸点高、挥发性小、不易着火、无毒和腐蚀性小等优点，具有降低冰点效果不佳、成本高和价格昂贵等缺点。目前，只有少数北欧国家仍在使用。

③ 乙二醇型冷却液。乙二醇型冷却液是用乙二醇作为防冻剂，并添加少量抗泡沫、防腐蚀等综合添加剂配制而成的。

乙二醇易溶于水，可以任意配成各种冰点的冷却液，其最低冰点可达−68℃。这种冷却液具有沸点高、泡沫倾向低、黏温性能好、防腐和防垢等特点，是一种较为理想的冷却液。目前，市场上所出售的冷却液几乎都是乙二醇型冷却液。

乙二醇型冷却液有毒，对肝脏有害，切勿吸入口中。当皮肤接触乙二醇型冷却液后，应立即用水清洗干净。另外，这种冷却液中的亚硝酸盐防腐添加剂具有致癌性。因此，乙二醇型冷却液的废液不要乱倒，以免污染环境。

2.各种类型的冷却液性能特点

冷却液具有防冻、防沸、防泡、防腐、防锈和防垢等特点。

① 防冻。根据添加的乙二醇比例的不同，冷却液可以在最低–70℃时使用。乙二醇的浓度在30%～50%时，冰点在–45～–20℃。

② 防沸。冷却液的沸点是跟随添加剂乙二醇的浓度来变化的。当冷却液的沸点达到110℃以上时，在炎热的夏天就可以防止汽车"开锅"现象的发生。

③ 防泡。冷却液中添加了消泡剂，在使用时极大地减少泡沫的生成，避免在冷却液循环时，过多的泡沫影响发动机的散热效果。

④ 防腐。发动机及其冷却系统是金属制造的，材料包括铜、铁、铝、钢和焊锡。这些金属在高温下与水接触，时间长了都会遭到腐蚀。冷却液添加防腐剂后具有防腐的功能。

⑤ 防锈。氧化是金属随时都可能发生的常事，氧化的过程会产生污垢。冷却液添加防锈剂可以控制金属氧化并且对氧化后的污渍进行及时的处理。

⑥ 防垢。冷却液采用蒸馏水制造，并加有防垢添加剂，不但不会生成水垢，还具有除垢的功能。

4.2.2 任务训练

1.冷却液的性能检测

随着使用时间的延长，冷却液中的乙二醇会逐渐被氧化衰变，防腐剂也会不断被消耗掉。当冷却液的质量下降到一定程度后，冷却系统就会出现腐蚀或达不到防冻要求。为了保证冷却液的质量，冷却液在使用前和使用中都必须进行检测。

冷却液的检测分为冷却液外观的鉴别、冷却液pH值的检测和冷却液防冻性能的检测。

（1）冷却液外观的鉴别。冷却液外观的鉴别是指，观察冷却液的外观，辨别其气味，如图4.18所示。

正常的冷却液应透明、无沉淀、无异味，如果发现冷却液的外观变得浑浊，冷却液中有悬浮物、沉淀物，气味异常，则说明冷却液已严重变质，应立即停止使用。

（2）冷却液pH值的检测。图4.19所示为冷却液pH值的检测。具体操作步骤如下：

① 打开膨胀水箱盖子，使用吸管吸取冷却液。

图4.18 冷却液外观的鉴别

② 使用pH试纸检测冷却液的pH值。冷却液的pH值在7～11之间，当冷却液的pH值小于7时，应停止使用该冷却液。

（3）冷却液防冻性能的检测。图4.20所示为冷却液防冻性能的检测工具。冷却液防冻性能的检测就是冷却液冰点的检测，是对冷却液能否在寒冷天气里使用的一种防冻性能检测。

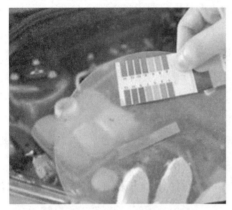

图4.19　冷却液pH值的检测

图4.20　冷却液防冻性能的检测工具

冷却液防冻性能的检测是通过冰点测试仪（如图4.21所示）来实现的，即用比重原理来指示冰点的高低。

冰点测试仪的应用很方便，使用也比较广泛，下面介绍使用它进行冷却液防冻性能的检测的具体操作过程：

① 将冰点测试仪的盖板掀开，用柔软绒布将盖板及棱镜表面擦拭干净待用。

② 等待汽车发动机冷却后，打开冷却液储液罐盖，使用吸管将储液罐内的冷却液吸出来，如图4.22所示。

在使用吸管时，尽量吸取储液罐底部的冷却液，否则会导致测量的冷却液冰点值不准确。

图4.21　冰点测试仪

图4.22　吸取冷却液

③ 将吸管内的冷却液滴于棱镜表面上，合上盖板并轻轻按压，将冰点测试仪朝向明亮处，如图4.23所示。

④ 通过冰点测试仪上的目镜读取蓝白分界线的相对刻度，即为被测液体的测量值。图4.24所示为被检测的两个冷却液冰点值分别为–50℃和–22℃。

如果检测的冷却液冰点值高于当地的最低气温，则需要更换冷却液。通常，被更换的冷却液宜选择比当地最低气温低5～10℃。

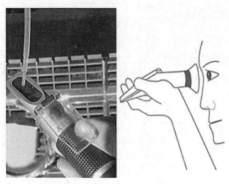
图4.23 用冰点测试仪测量数据

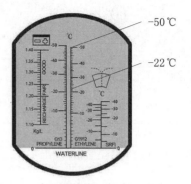
图4.24 被测试的两个冷却液冰点值

⑤ 在冷却液防冻性能测试完毕之后，用柔软的绒布将盖板及棱镜表面擦拭干净并清洗吸管，然后将仪器收藏于包装盒内。

2.冷却液的更换方法

如果通过前面的检测发现冷却液不能继续使用，就需要更换冷却液。在更换冷却液时，需要注意以下事项：

① 在更换冷却液之前，需要先给冷却系统做一个全面检查，检查每个管道有无泄漏的痕迹，是否有裂纹，如图4.25所示。

② 检查发动机下方是否有冷却液泄漏的痕迹，确认冷却系统无泄漏后进行冷却液的更换。

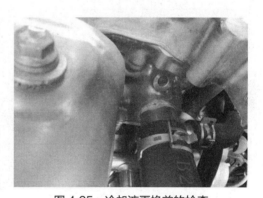
图4.25 冷却液更换前的检查

冷却液的更换步骤如下：

① 关闭发动机并适当降温，打开发动机舱盖的工作防护。

② 拧松副（膨胀）水箱盖2~3圈，进行系统泄压后打开。

③ 举升发动机，拧下放液螺塞或松开放油管路等，放净冷却液后上紧放油管路。

④ 降下车辆加满冷却液，启动车辆。

⑤ 举升车辆检查有无漏油，确定无问题后安装护板。

⑥ 降下车辆完成收尾工作。

注意：在更换冷却液时，必须戴防护眼镜和穿防护衣服，以免造成人身伤害。

冷却液更换的方法

4.2.3 任务实施与评价

本任务为冷却液性能的检测，具体实施内容如表 4.5 所示。

表4.5 任务实施

项目	内容
任务名称	冷却液性能的检测
任务目标	掌握冷却液性能的检测方法
时间安排	60 分钟
实施环境	一体化实训室
工具、设备	车辆； pH 试纸； 冰点测试仪； 冷却液； 清洁布；等等
分组安排	每组 6～8 人
注意事项	注意车辆安全； 注意清洁

本任务的任务实施记录如表 4.6 所示。

表4.6 任务实施记录

检测内容	冷却液外观的鉴别	冷却液的 pH 值	冷却液的冰点值
检测结果			
是否更换冷却液			

要求：正常的冷却液应透明、无沉淀、无异味。冷却液pH值应大于7，否则更换冷却液。如果检测的冷却液的冰点值高于当地的最低气温，则需要更换冷却液。

本任务的技能评价如表4.17所示。

表4.17 技能评价

序号	作业说明	作业内容	配分	评分标准	扣分	得分
1	冷却液外观的鉴别	检查是否放置翼子板垫	5	未放置扣5分		
		检查冷却液是否需要更换	10	检查错误扣10分		
2	冷却液pH值的检测	检查发动机是否处于冷态	5	检查错误扣5分		
		检查吸管使用是否正确	10	检查错误扣10分		
		检查冷却液的pH值是否正确	10	检查错误扣10分		
		检查冷却液是否需要更换	10	检查错误扣10分		
3	冷却液防冻性能的检测	使用清洁布清洁冰点测试仪	5	未清洁扣5分		
		检查冷却液的冰点测试值是否正确	10	检查错误扣10分		
		检查是否需要更换冷却液	10	检查错误扣10分		
		测试完毕后清洁冰点测试仪	5	未清洁扣5分		
		清洗吸管	10	未清洗扣10分		
		文明操作	10	有不文明操作的，酌情扣分		
4	熟练程度	考核时间为55分钟	10	在操作正确和数据准确的基础上，如果提前完成任务，则每提前1分钟加1分（只计整数）		
5	合计		110			

4.2.4 任务小结

通过本任务的学习，你掌握了哪些知识？请将思考的问题记录在表4.8中并进行结果检验。

表4.8 任务小结

序号	问题	自检结果
1		

续表

序号	问题	自检结果
2		
3		
4		
5		
6		
7		
8		
9		
10		

思考题

1.车辆为什么会缺失冷却液？

2.为什么冷却液需要定期更换？

项目五
润滑系统的结构与维修

项目导入

客户委托：一辆大众帕萨特汽车配置 EA211 1.4T 的发动机，行驶 120 000 km，该车在行驶时，仪表盘出现润滑油压力报警提示信息，客户要求了解故障原因并得到有效的故障排除。

请思考：车辆为什么会缺失润滑油？

学习目标

1. 知识目标

◎ 说明润滑系统的功用与组成；
◎ 说明润滑系统的工作方式；
◎ 说明润滑油泵的类型及工作原理；
◎ 说明润滑油泵的常见损伤；
◎ 说明润滑油的类型及主要指标；
◎ 说明润滑油的主要特性。

2. 技能目标

◎ 完成润滑系统的故障分析与排除；
◎ 完成润滑系统的润滑油压力测试；
◎ 完成润滑油泵的检测；
◎ 完成润滑油的选择；
◎ 完成润滑油的更换。

3. 素养目标

◎ 培养团队的合作意识和能力；
◎ 养成规范作业和安全工作的习惯；
◎ 建立沟通意识和能力；
◎ 培养自主解决问题的能力。

学习任务一：润滑系统的故障与维修

5.1.1 知识准备

1. 润滑系统的功用与组成

润滑系统的功用是将清洁的润滑油以一定的压力不断地供给各运动零件的摩擦表面，以减少零件的磨损；工作中流动于油道及配合表面的润滑油同时兼有清洁、密封、散热、防锈、减震、降噪、抗氧化等辅助作用。

润滑系统主要由油底壳、润滑油泵、润滑油滤清器、润滑油冷却器、润滑油集滤器、油道、压力阀、油压传感器等组成，如图5.1所示。

2. 润滑系统的工作部件（总成）

（1）油底壳。油底壳的主要作用是用来储存润滑系统的润滑油。

（2）润滑油泵。图5.2所示为润滑油泵，它的作用是将油底壳里的润滑油经过增压后，泵送到润滑油滤清器和各油道中，以润滑发动机的各主要运动机件。

发动机工作时，润滑油泵不断工作，从而保证润滑油在油道中不断循环。

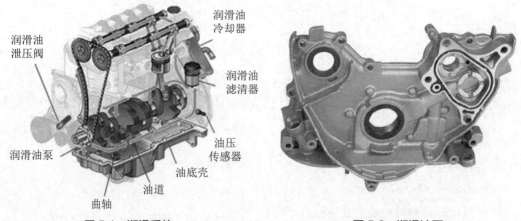

图5.1 润滑系统　　　　图5.2 润滑油泵

（3）润滑油滤清器。图5.3所示为润滑油滤清器，它的作用是将来自油底壳的润滑油中的杂质进行滤除，把洁净的润滑油供给曲轴、连杆、凸轮轴、增压器、活塞环等运动摩擦副。

由于大多数汽车安装旋转式润滑油滤清器，属于不可清洗的一次性滤清器，因此在更换润滑油时最好同时更换润滑油滤清器，否则会影响润滑油的质量。

（4）润滑油冷却器。润滑油冷却器是一种加速润滑油散热使其保持较低温度的装置，如图5.4所示。

在高性能、大功率的强化发动机上，由于热负荷大，因此必须装设润滑油冷却器。润滑油冷却器布置在油道中，其工作原理与散热器相同。

润滑油冷却器置于冷却水路中，利用冷却水的温度来控制润滑油的温度。当润滑油的温度高时，靠冷却液降温；当发动机启动时，则从冷却液吸收热量使润滑油迅速提高温度。

图5.3　润滑油滤清器

图5.4　润滑油冷却器

（5）润滑油集滤器。图5.5所示为润滑油集滤器，它安装在润滑油泵的进油口前面，主要作用是防止较大的机械杂质进入润滑油泵。

润滑油集滤器可分为浮动式和固定式两种。

① 浮动润滑油集滤器。浮动润滑油集滤器由浮子做成铰链活动式连接，可以随着润滑油平面的变化而浮在油面上，以吸收较清洁的表面层润滑油。

② 固定集滤器。固定集滤器安装在油面下，吸入的润滑油清洁程度稍差于浮动润滑油集滤器，但它可防止泡沫吸入，构造简单，利用也较广泛。

（6）油道。图5.6所示为油道，它的作用是向各润滑部位输送润滑油，是润滑系统的重要组成部分，油道直接在气缸体与气缸盖上铸出。

图5.5　润滑油集滤器

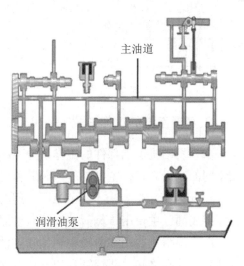

图5.6　油道

润滑系统的油道有主油道、分油道和回油道三种，经过润滑油泵加压的润滑油首先到达主油道，主油道又通向曲轴颈、凸轮轴、连杆的分油道，润滑油被输送到各润滑部位之后，再从各回油道返回油底壳。

（7）压力阀。润滑系统的压力阀分为限压阀和旁通阀两种，它们都是一个简单的单向阀，起到安全阀的作用。压力阀如图5.7所示。

① 限压阀。限压阀与润滑油泵的油道并联，其作用是调节、控制主油道的润滑油压力。当润滑系统的压力超过工作范围时，润滑油压力克服弹簧弹力使限压阀打开并进行泄压，使压力油又回到润滑油泵入口。

② 旁通阀。旁通阀并联在润滑油滤清器上，其作用是当润滑油滤清器被污垢或异物严重堵塞时，旁通阀自动开启，润滑油经旁通阀直接流入主油道，保证发动机有足够的润滑。

（8）油压传感器。图5.8所示为油压传感器，它安装在发动机的主油道上。当发动机运行时，油压传感器检测润滑系统的润滑油压力。

当发动机润滑系统的润滑油压力低于发动机工作的最低压力标准值时，就会点亮仪表内的润滑油压力报警灯，提醒驾驶员润滑系统的润滑油压力过低，会导致发动机损坏。

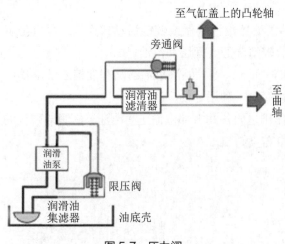

图5.7 压力阀

图5.8 油压传感器

3.润滑系统的工作方式

由于发动机运动部件的工作条件不尽相同，因此不同负荷及相对运动速度的部件采用不同的润滑方式，主要有压力润滑和飞溅润滑两种润滑方式。

（1）压力润滑。图5.9所示为压力润滑，它利用润滑油泵，以一定的压力把润滑油供入摩擦表面，主要用于负荷较大的运动部件摩擦表面的润滑。

压力润滑主要用在曲轴主轴颈和主轴瓦之间，曲轴连杆轴颈和连杆瓦之间，活塞销和活塞支撑孔之间，凸轮轴颈和气缸盖支撑孔之间。

（2）飞溅润滑。图5.10所示为飞溅润滑，它利用发动机工作时运动件搅溅起来的油滴或油雾润滑摩擦表面，主要用于负荷较轻的工作表面的润滑。

飞溅润滑的位置主要在活塞环和气缸壁之间。飞溅润滑的主要来源是轴瓦之间挤出的压力润滑油，被旋转的曲轴甩到气缸壁上形成油膜。早期的发动机，曲柄直接打击油面也会形成飞溅润滑。

图5.9 压力润滑

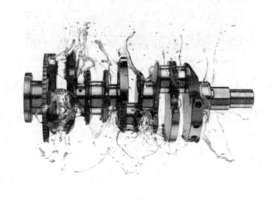

图5.10 飞溅润滑

5.1.2 任务训练

1.润滑系统常见的故障及影响

润滑系统常见的故障主要有润滑油变质、润滑油消耗异常、润滑油压力过低和润滑油压力过高等故障。

（1）润滑油变质。图5.11所示为润滑油变质，发动机在运行过程中，受各种因素的影响，会造成润滑油的氧化和变质。

优质的润滑油呈半透明的黄棕色或浅蓝色，当润滑油中有水时，润滑油呈褐色；当发动机运转一段时间后，润滑油会呈乳白色并伴有泡沫。

润滑油变质的原因主要有润滑油中渗进了水分、空气滤清器过脏、燃油进入润滑系统等。

（2）润滑油消耗异常。润滑油消耗异常主要有以下原因：

① 烧润滑油。气缸与活塞或气门与导管间隙过大、涡轮增压器泄漏等现象发生时，将会导致发动机烧润滑油，大大损耗润滑油。

② 发动机温度过高。当发动机温度过高，将会引起润滑油的温度过高，润滑油黏度变低，使窜入燃烧室的润滑油增加，进而增加润滑油量的消耗量。

③ 添加的润滑油过多。当发动机润滑油底壳添加的润滑油过多时，曲轴运转飞溅到缸壁的润滑油会增加，润滑油被吸入气缸中燃烧，引起润滑油消耗，如图5.12所示。

图5.11 润滑油变质

图5.12 添加的润滑油过多

(3)润滑油压力过低。润滑系统出现润滑油油量少、润滑油泵工作不正常、曲轴或凸轮轴颈等处因磨损使得配合间隙过大、油道堵塞等现象时，将会造成润滑油压力过低。汽车组合仪表上设有润滑油压力警告灯，当润滑油压力低于标准工作压力时，润滑油压力警告灯就会点亮，如图5.13所示。

当润滑油压力过低，将会加速曲轴、凸轮轴的磨损，甚至因为润滑不良而使发动机曲轴与轴瓦粘接，严重的会造成发动机的报废。

(4)润滑油压力过高。润滑系统内的润滑油压力过高产生的原因，主要是润滑油在系统内流动阻力过大所引起的。润滑油压力过高主要有以下两种情况：

① 润滑油黏度过大。润滑油黏度的大小表明了润滑油流动时的内摩擦阻力的大小，如果润滑油黏度超过规定值，则润滑油在润滑系统内的流动阻力会增大，同时压力升高。

② 润滑部位配合间隙过小。润滑部位的凸轮轴颈、连杆轴颈、曲轴轴颈等，这些润滑部位如果配合间隙过小，会使润滑系统油道的流动阻力增大，造成润滑油压力过高，从而使润滑油滤清器堵塞；润滑油滤清器的滤芯过脏，会使润滑油回路堵塞，造成润滑油压力过高，如图5.14所示。

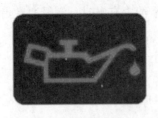
图5.13 润滑油压力警告灯

图5.14 润滑油压力过高

2.润滑系统压力的检测

若想知道发动机润滑系统的压力是否正常，则可以使用润滑油压力表来检测。下面介绍具体的检测方法：

（1）检测前的准备。检查润滑油液位是否正常，检查润滑油黏度是否合适。

（2）润滑系统的润滑油压力检测。

① 首先拔下油压传感器的线束插头，拆下油压传感器。

② 将油压表的软管接头安装到油压传感器的螺孔内并拧紧接头。

③ 启动发动机，检查润滑油压力表的接头处有无漏油，如果漏油，则应立即熄火重新拧紧接头。

④ 运转发动机并使之达到正常的工作温度。

⑤ 查看发动机怠速时压力表的读数，查看2 000 r/min时压力表的读数。

⑥ 润滑油压力测量完成后，关闭发动机，取下润滑油压力表，安装油压传感器。

⑦ 检查发动机的润滑油液面是否正常，启动发动机，确认油压传感器处没有润滑油渗漏。

（3）记录压力检测结果。发动机在怠速时的润滑油压力应大于0.1 Mpa，在2 000 r/min时的润滑油压力应大于0.2 MPa，具体参考相关的汽车维修手册。如果发动机润滑油压力低于极限值，则立即停机维修。

润滑油长时间使用以后，黏度会降低，导致润滑油压力不够、检测不准确。一个比较简单的检测润滑油黏度的方法是将润滑油滴在白纸上进行观察，正常的润滑油应该颜色纯净并具有一定的黏稠度，如图5.15所示。

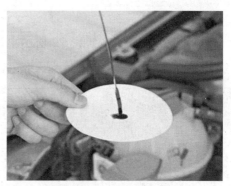

图5.15　检查润滑油的黏度

5.1.3　任务实施与评价

本任务为润滑系统的润滑油压力检测，具体实施内容如表5.1所示。

表5.1　任务实施

项目	内容
任务名称	润滑系统的润滑油压力检测
任务目标	掌握润滑系统的润滑油压力检测方法
时间安排	60分钟

续表

项目	内容
实施环境	一体化实训室
工具、设备	车辆； 润滑油压力表； 扳手； 润滑油； 清洁布；等等
分组安排	每组 6～8 人
注意事项	注意拆装安全； 注意清洁

本任务的任务实施如表 5.2 所示。

表5.2 任务实施记录

检测内容	怠速时运转	2 000 r/min 时运转
润滑油压力 /MPa		
是否正常		

要求： 发动机在怠速时的润滑油压力应大于0.1 MPa；在2 000 r/min时的润滑油压力应大于0.2 MPa。具体参考相关的汽车维修手册，如果发动机润滑油压力低于极限值，则立即停机维修。

本任务的技能评价如表 5.3 所示。

表5.3 技能评价

序号	作业说明	作业内容	配分	评分标准	扣分	得分
1	润滑油压力检测前的准备	放置翼子板垫	5	未放置扣5分		
		检查润滑油液面	10	未检查扣10分		
		检查润滑油黏度	10	未检查扣10分		

续表

序号	作业说明	作业内容	配分	评分标准	扣分	得分
2	润滑油压力检测	检查操作步骤是否正确	10	根据操作步骤，酌情扣分		
		检查安装压力表时是否有磕碰	10	未检查扣10分		
		检查压力表放置的位置是否正确	5	未检查扣5分		
		检查压力表的接头处是否漏油	10	未检查扣10分		
		检查发动机是否达到正常的工作温度	10	未检查扣10分		
		检查发动机怠速时填写的压力值是否正确并检查压力是否正常	10	未检查或压力检查错误扣5分		
		检查发动机在2 000 r/min时填写的压力值是否正确并检查压力是否正常	10	未检查或压力检查错误扣5分		
		是否文明操作	10	有不文明操作的，酌情扣分		
3	熟练程度	考核时间为55分钟	10	在操作正确和数据准确的基础上，如果提前完成任务，则每提前1分钟加1分（只计整数）		
4	合计		110			

5.1.4 任务小结

通过本任务的学习，你掌握了哪些知识？请将思考的问题记录在表5.4中并进行结果检验。

表5.4 任务小结

序号	问题	自检结果
1		
2		

续表

序号	问题	自检结果
3		
4		
5		
6		
7		
8		
9		
10		

学习任务二：润滑油泵的故障与维修

5.2.1 知识准备

润滑油泵的功用是将油底壳里的润滑油以一定的压力，经过润滑油滤清器净化后仍可靠地输送到各个油道和各运动件的摩擦表面。

润滑油泵的类型主要有齿轮润滑油泵、转子润滑油泵、叶片润滑油泵三种类型。

1. 齿轮润滑油泵

齿轮润滑油泵分为外啮合齿轮润滑油泵和内啮合齿轮润滑油泵两种类型。

（1）外啮合齿轮润滑油泵。图5.16所示为外啮合齿轮润滑油泵，它在润滑油泵体内装有一个主动齿轮和一个从动齿轮，齿轮与润滑油泵体内壁之间的间隙很小，润滑油泵体上有进油口和出油口。

外啮合齿轮润滑油泵的工作原理是：当主动齿轮带动从动齿轮旋转时，由于齿轮向脱离啮合的方向运动使得进油腔的容积增大，腔内产生一定的真空度，因此润滑油便从进油口被吸入并充满进油腔，如图5.17所示。

齿轮旋转把齿间所存的润滑油带到出油腔内，由于出油一侧齿轮进入啮合，出油腔容积减小，油压升高，润滑油便经出油口排出。

图5.16 外啮合齿轮润滑油泵

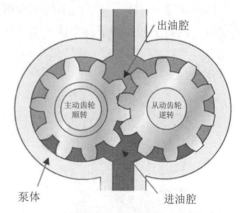

图5.17 外啮合齿轮润滑油泵的工作原理

（2）内啮合齿轮润滑油泵。图5.18所示为内啮合齿轮润滑油泵，它在润滑油泵体内装有一个主动小齿轮和一个从动内齿圈，主动小齿轮带动从动内齿圈旋转，中间有月牙形块将主动小齿轮和从动内齿圈隔开。

内啮合齿轮润滑油泵的工作原理是：润滑油泵工作时主动小齿轮随驱动轴一起转动并带动从动内齿圈以相同的方向旋转，如图5.19所示。

当内齿轮和外齿轮转到进油口处时，开始逐渐脱离啮合，而且沿旋转方向两者之间形成的空间逐渐增大，产生一定的真空度，将润滑油从进油口吸入。

随着齿轮的继续旋转，月牙形块将内齿轮和外齿轮隔开，齿轮旋转时把齿轮之间所存的润滑油带往出油腔。在靠近出油口处，内齿轮和外齿轮之间的空腔容积逐渐减少，油压升高，润滑油从润滑油泵的出油口送往发动机的油道中。

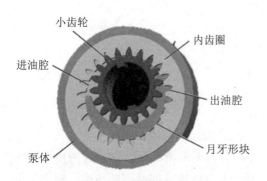

图 5.18　内啮合齿轮润滑油泵

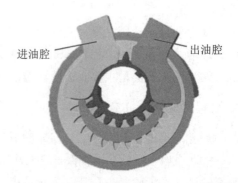

图 5.19　内啮合齿轮润滑油泵的工作原理

2. 转子润滑油泵

图 5.20 所示为转子润滑油泵，它由壳体、内转子、外转子和泵盖等组成。

内转子用键或销子固定在转子轴上，由曲轴齿轮直接或间接驱动，内转子和外转子的中心不同心而存在偏心距，内转子带动外转子一起沿同一方向转动。内转子有4个凸齿，外转子有5个凹齿，这样内转子和外转子就可以同向不同步地旋转。

图 5.21 所示为转子润滑油泵的工作原理，当转子齿形齿廓的设计使得转子转到任何角度时，内转子和外转子每个齿的齿形廓线上总能互相成点接触。

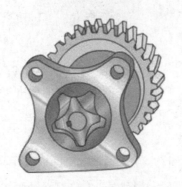

图 5.20　转子润滑油泵

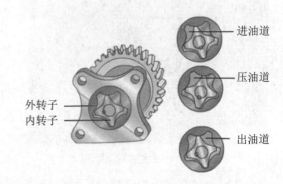

图 5.21　转子润滑油泵的工作原理

内转子和外转子之间形成4个工作腔，随着转子的转动，这4个工作腔的容积是不断变化的。在进油道的一侧空腔，由于转子脱开啮合，容积逐渐增大，产生真空，润滑油被吸入；当转子继续旋转时，润滑油被带到出油道的一侧，这时，转子正好进入啮合，使这一空腔容积减小，油压升高；当润滑油从齿间挤出并经出油道压送出去时，随着转子的不断旋转，润滑油就不断地被吸入和压出。

3. 叶片润滑油泵

图5.22所示为叶片润滑油泵，它由定子、转子、叶片和配油盘等组成。

定子的内表面是圆柱形孔，定子和转子之间存在着偏心距。叶片在转子的槽内可以灵活滑动，在转子转动时的离心力以及通入叶片根部压力油的作用下，叶片顶部贴紧在定子内表面上，于是两个相邻叶片、配油盘、定子和转子之间便形成了一个个密封的工作腔。

图5.23所示为叶片润滑油泵的工作原理，当叶片润滑油泵的转子按顺时针方向旋转时，进油道侧的叶片向外伸出，密封工作腔的容积逐渐增大，产生真空，于是通过进油口将油吸入。

随着转子的旋转，叶片逐渐往里缩进，密封工作腔的容积逐渐缩小，压力升高，密封工作腔中的油液经出油口被压出，输送到发动机润滑系统中。

为了减少发动机的内部阻力，润滑油泵最好能够按发动机的需求提供供油量。当前的主流发动机可以将叶片润滑油泵做成可变排量的润滑油泵。

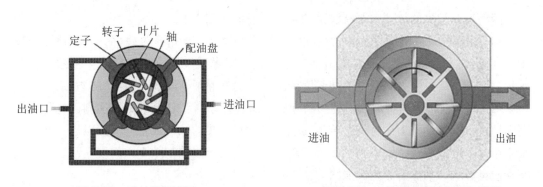

图 5.22　叶片润滑油泵　　　　图 5.23　叶片润滑油泵的工作原理

叶片可变排量润滑油泵可通过改变转子与定子的偏心距实现变排量。

叶片可变排量润滑油泵如图5.24所示。叶片可变排量润滑油泵的定子在回位弹簧的作用下，保持与转子的偏心距最大，此时叶片可变排量润滑油泵的排量也是最大的。定子与油泵外壁间有两个油腔A和B，叶片可变排量润滑油泵通过这两个油腔改变定子与转子的偏心距，从而改变排量。

图5.25所示为叶片可变排量润滑油泵的工作原理。润滑油滤清器的主油路油压由A腔引入，当主油路的油压作用在B腔时，B腔与A腔的压力一起将定子向逆时针方向推动，这时定子与转子的偏心距就减小了，润滑油泵的排量也就随之变小，实现润滑油泵的变排量。

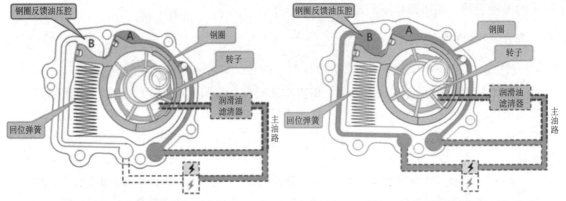

图 5.24　叶片可变排量润滑油泵　　　　　图 5.25　叶片可变排量润滑油泵的工作原理

5.2.2　任务训练

1.润滑油泵常见的故障及影响

润滑油泵常见的故障主要有润滑油泵内部磨损和润滑油泵异响。

(1)润滑油泵内部磨损。正常情况下,润滑油泵由于润滑条件较好,磨损速度比较慢,但是经过长期使用,或者润滑油质量不好,会导致齿轮端面与齿面,轴颈与轴承孔,泵体与泵壳内壁之间产生不同程度的磨损。润滑油泵的内部磨损如图5.26所示。

(2)润滑油泵异响。当润滑油泵磨损到一定程度以后,随着磨损的加剧,各种配合间隙加大,润滑油泵工作时就会产生异响。当润滑油泵的轴承或轴套磨损以后,润滑油泵工作时就会造成转子轴松旷,使得齿轮与齿轮,或者齿轮与外壳之间发生刮擦,引起润滑油泵异响。刮擦后的痕迹如图5.27所示。

图 5.26　润滑油泵的内部磨损

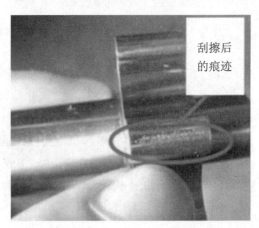

图 5.27　刮擦后的痕迹

2.润滑油泵的感官检测

(1)润滑油泵的外观检测。图5.28所示为润滑油泵的外观检测,主要检查润滑油泵机件是否有裂纹、变形、漏油、严重腐蚀等现象。

用手转动润滑油泵查看其转动是否灵活,如果转动时有卡滞和摩擦的声音,则建议更换润滑油泵总成或拆解更换相应的配件。

(2)润滑油泵的内部检测。图5.29所示为润滑油泵的内部检测,检测过程为:拆下泵盖,检查主动齿轮和从动齿轮是否有裂纹、齿面剥落、掉块等现象;检查泵体是否有划伤,如果有划伤,则进行相应的配件更换和清洁润滑油泵。

润滑油泵检测方法

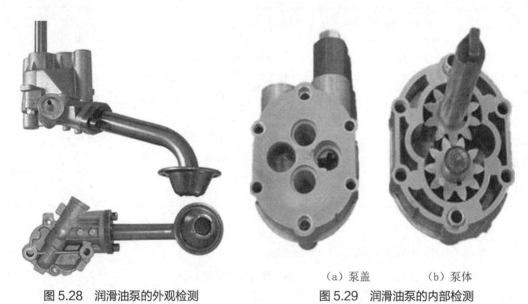

图5.28 润滑油泵的外观检测

(a)泵盖　　(b)泵体

图5.29 润滑油泵的内部检测

3.润滑油泵的检测

(1)使用清洁布清洁刀口尺的刃口和塞尺的测量片。

(2)泵盖平面度的检测。使用塞尺0.05 mm的测量片进行测量,判断泵盖平面度是否超过极限值。

(3)齿轮端面间隙的检测。使用塞尺0.15 mm的测量片进行测量,判断齿轮端面间隙是否超过极限值。

(4)齿轮啮合间隙的检测。使用塞尺0.20 mm的测量片将120°分成3个点进行测量,判断齿轮啮合间隙是否超过极限值。

(5)齿顶和壳体间隙的检测。使用塞尺0.20 mm的测量片将120°分成3个点进行测量,判断齿顶和壳体间隙是否超过极限值。

(6)润滑油泵的外观检测。

(7)记录润滑油泵的检测值是否超过极限值检测。

5.2.3　任务实施与评价

本任务为润滑油泵的检测，具体实施内容如表5.5所示。

表5.5　任务实施

项目	内容
任务名称	润滑油泵的检测
任务目标	掌握润滑油泵的检测方法
时间安排	60分钟
实施环境	一体化实训室
工具、设备	润滑油泵； 刀口尺； 塞尺； 清洁布；等等
分组安排	每组6～8人
注意事项	注意拆装安全； 注意清洁

本任务的任务实施记录如表5.6所示。

表5.6　任务实施记录

润滑油泵的检测方式	极限值	
	已超标	未超标
泵盖平面度的检测		
齿轮端面间隙的检测（主动齿轮）		
齿轮端面间隙的检测（从动齿轮）		
齿轮啮合间隙的检测（0°）		
齿轮啮合间隙的检测（120°）		
齿轮啮合间隙的检测（240°）		
齿顶和壳体间隙的检测（0°）		

续表

润滑油泵的检测方式	极限值	
	已超标	未超标
齿顶和壳体间隙的检测（120°）		
齿顶和壳体间隙的检测（240°）		

要求：润滑油泵的检测值不允许超过使用极限，具体参数可以参考相关的汽车维修手册。如果润滑油泵的检测值超出极限范围后，可以参考相关的汽车维修手册更换或进行修磨处理。

本任务的技能评价如表5.7所示。

表5.7 技能评价

序号	作业说明	作业内容	配分	评分标准	扣分	得分
1	测量前的准备工作	清洁刀口尺	4	未做扣4分		
		清洁塞尺	4	未做扣4分		
		清洁润滑油泵	4	未做扣4分		
		检查齿轮是否有裂纹、齿面剥落、壳体划伤等	3	未检查扣3分		
2	润滑油泵的检测	检查测量手法是否正确	18	错误一项扣2分		
		检查测量部位是否正确	18	错误一项扣2分		
		检查测量结果是否正确	36	错误一项扣4分		
		文明操作	10	有不文明操作的，酌情扣分		
3	处理意见	判断是否需要修理	3	判断错误扣3分		
4	熟练程度	考核时间为55分钟	10	在操作正确和数据准确的基础上，如果提前完成任务，则每提前1分钟加1分（只计整数）		
5	合计		110			

5.2.4 任务小结

通过本任务的学习，你掌握了哪些知识？请将思考的问题记录在表5.8中并进行结果检验。

表5.8 任务小结

序号	问题	自检结果
1		
2		
3		
4		
5		
6		
7		
8		
9		
10		

学习任务三：润滑油的正确选用及更换

5.3.1 知识准备

1.润滑油的类型及特点

润滑油一般是由70%～95%的基础油和5%～30%的添加剂两部分组成，如图5.30所示。基础油是润滑油的主要成分，决定了润滑油的基本性质；而添加剂起辅助作用，用来弥补和改善基础油性能方面的不足。

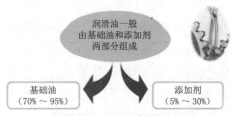

图5.30　润滑油的组成

根据基础油的不同，润滑油分为普通矿物油、半合成润滑油、全合成润滑油三种类型。

（1）普通矿物油。普通矿物油是市面上比较常用的润滑油，它是在石油提炼过程中分馏出有用的物质（比如汽油和航空用油），然后把剩下来的底油再进行加工提取。普通矿物油的组成如图5.31所示。

普通矿物油运用的是原油中较差的成分，价格低廉，使用寿命及润滑性能都不如合成油；同时，它对环境有较大的污染。由于普通矿物油在提炼过程中无法将所含的杂质完全除去，因此凝点较高，不适合在低温地区和极端条件下使用。

（2）半合成润滑油。半合成润滑油是在普通矿物油的基础上经过加氢裂变技术提纯后的产物。半合成润滑油是由普通矿物油、全合成润滑油以4∶6的比例混合而成的，如图5.32所示。

半合成润滑油的纯度非常接近全合成润滑油，但其成本较普通矿物油略高，是普通矿物油向合成油的理想过渡产品。

（3）全合成润滑油。全合成润滑油是润滑油中的高等级油品，它是将来自原油中的瓦斯或天然气所分散出来的乙烯、丙烯，再经聚合、催化等复杂的化学反应炼制成的大分子组成的润滑油。全合成润滑油的组成如图5.33所示。

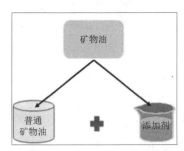

图5.31　普通矿物油的组成

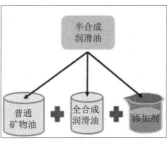

图5.32　半合成润滑油的组成

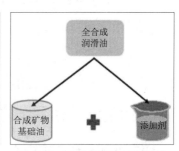

图5.33　全合成润滑油的组成

全合成润滑油使用的是原油中较好的成分，加以化学反应并在人为的控制下达到预期的分子形态。全合成润滑油的分子排列整齐，抵抗外来变数的能力很强，因此其品质较好，热稳定、抗氧化反应、抗黏度变化的能力要比普通矿物油和半合成润滑油强很多，但价格比较高。

2.润滑油的分类指标

润滑油的分类指标有两个：API质量指标和SAE黏度指标。

（1）API质量指标。S开头的系列代表汽油机用油，规格有：API SA、API SB、API SC、API SD、API SE、API SF、API SG、API SH、API SJ、API SL、API SM、API SN。从SA一直到SN，每递增一个字母，润滑油的级别就会高一级，字母越靠后等级越高。目前，等级最高的为SN级。API质量指标如图5.34所示。

C开头的系列代表柴油机用油，规格有：API CA、API CB、API CC、API CD、API CE、API CF、API CF-2、API CF-4、API CG-4、API CH-4、API CI-4。

如果S和C两个字母同时存在，则表示此润滑油为汽油和柴油通用的类型。

（2）SAE黏度指标。SAE后面的标号表示润滑油的黏度等级。

黏度等级以6个含W的低温黏度级号（0W、5W、10W、15W、20W、25W）和5个不含W的100℃运动黏度级号（20、30、40、50、60）表示。

例如，SAE 10W-40，其中，W代表Winter（冬天）。W前面的数字代表低温情况下的流动黏性，这个数值越小，说明润滑油的低温流动性越好，当汽车冷启动时，对发动机的保护能力越好。W后面的数字则是润滑油在100℃时的黏度，数字越高表示黏度越高，在高温下对发动机的保护就越好。SAE黏度指标如图5.35所示。

图5.34　API质量指标

图5.35　SAE黏度指标

5.3.2　任务训练

1.润滑油的选用

（1）正确地选择润滑油。在选用润滑油时，要严格按照发动机出厂说明书上规定的用油质量等级选用润滑油。

质量级别的选择方法：每个车型对其所用润滑油的API质量指标都有规定，在选用润滑油时，应该在汽车制造商推荐的油品级别基础上以及合理的经济性条件下，尽量选用正规油品制造商生产的较高级别油品。

润滑油的分类和特点

黏度级别的选择方法：在选择润滑油时，还需要看它的SAE黏度指标，速度（根据驾驶情况）、发动机负荷水平和温度（行驶环境）是选择润滑油黏度的3个主要因素。

如果速度越高，则应选用黏度越低的润滑油；如果温度和负荷越高，则应选用黏度越高的润滑油。

选用润滑油时，可结合本地的最高和最低气温选择。若选用了黏度过高的润滑油，则会增加运动阻力，消耗发动机的功率；若选用了黏度过低的润滑油，则无法保证润滑质量，会加剧发动机的磨损。

（2）劣质润滑油的鉴别。正品润滑油色浅透明、无杂质、无悬浮物、无沉淀物，晃动时流动性较好。劣质润滑油的油色较深，或有杂质、沉淀物，晃动时流动性较差。

正品润滑油没有令人敏感的气味，有类似淡淡的清香气味，而劣质润滑油会有明显的刺激性汽油气味。

用拇指和食指蘸取少量润滑油，然后反复摩擦几分钟，感受手指间的触觉。好的润滑油没有生涩感，黏度低，能感觉到手指间有一层油膜。而劣质润滑油会令人明显感觉到生涩，并且手感黏度高、有杂质。

（3）润滑油使用的误区。

① 全合成润滑油是最好的润滑油，但不一定适用于经济型汽车。经济型汽车发动机的加工精度相对比较低，气缸和活塞环之间的间隙密封性并不是最精细的，如果使用了比较稀的全合成润滑油，会影响发动机的密封性能，易造成发动机的磨损。

② 润滑油只添不换。仅仅补充而不更换润滑油只能弥补润滑油数量上的不足，却无法完全补偿润滑油性能的损失。

③ 润滑油可以随便添加。不同油品制造厂商生产的润滑油绝对不可以混加，油品制造商在研制油品时都会添加抗磨剂、防氧化剂等添加物，这些不同厂商生产的添加物混在一起有可能引起化学反应，令润滑油失效。此外，同一厂商生产的，但级别不同的润滑油也不能混加。

2.润滑油的更换

（1）启动发动机，待发动机温度达到正常工作温度时再将发动机熄火。
（2）将润滑油加注口盖取下，举升车辆并拆下发动机下护板。
（3）拆卸发动机的放油螺栓，释放润滑油。
（4）拆卸润滑油滤清器。
（5）安装润滑油滤清器。
（6）安装放油螺栓。
（7）添加润滑油直到润滑油液面至标准液位为止。
（8）检查润滑油滤清器和放油螺栓处是否漏油。

润滑油的更换方法

(9)安装发动机下护板。

更换润滑油分别如图5.36、图5.37所示。

图5.36　更换润滑油（1）

图5.37　更换润滑油（2）

5.3.3　任务实施与评价

本任务为更换润滑油，具体实施内容如表5.9所示。

表5.9　任务实施

项目	内容
任务名称	更换润滑油
任务目标	掌握润滑油的更换方法
时间安排	60分钟
实施环境	一体化实训室
工具、设备	车辆； 润滑油及润滑油滤清器； 润滑油收集器； 机滤扳手； 扭力扳手； 120件套； 清洁布；等等
分组安排	每组6～8人
注意事项	注意拆装安全； 注意清洁

本任务的技能评价如表 5.10 所示。

表5.10　技能评价

序号	作业说明	作业内容	配分	评分标准	扣分	得分
1	更换润滑油	检查翼子板垫的放置	5	未放置扣 5 分		
		检查发动机是否达到正常工作温度	5	未检查扣 5 分		
		取下润滑油加注口盖	10	未做扣 10 分		
		佩戴橡胶手套	5	未佩戴扣 5 分		
		将新润滑油滤清器胶圈涂抹上润滑油	15	未做扣 15 分		
		检查润滑油滤清器紧固扭矩是否正确	10	检查错误扣 10 分		
		检查放油螺栓紧固扭矩是否正确	10	检查错误扣 10 分		
		检查润滑油液面	20	检查错误，按操作步骤，酌情扣分		
		检查润滑油滤清器和放油螺栓处是否漏油	10	未检查扣 10 分		
		文明操作	10	有不文明操作的，酌情扣分		
2	熟练程度	考核时间为 55 分钟	10	在操作正确和数据准确的基础上，如果提前完成任务，则每提前 1 分钟加 1 分（只计整数）		
3	合计		110			

5.3.4　任务小结

通过本任务的学习，你掌握了哪些知识？请将思考的问题记录在表5.11中并进行结果检验。

表 5.11　任务小结

序号	问题	自检结果
1		

续表

序号	问题	自检结果
2		
3		
4		
5		
6		
7		
8		
9		
10		

思考题

1.润滑油压力报警灯为什么会点亮?

2.可变排量润滑油泵是怎么实现可变排量的?

3.通过哪些方法可以鉴别劣质润滑油?

项目六
汽油机供给系统的结构与维修

项目导入

客户委托：一辆高尔夫汽车配置 EA211 1.4T 发动机，行驶 80 000 km，汽车在运行时发动机有轻微抖动，客户要求解决这个故障。

请思考：汽车运行时，引起发动机抖动的原因有哪些？

学习目标

1. 知识目标

◎ 说明发动机供给系统的功用与组成；
◎ 说明空气滤清器的工作原理；
◎ 说明燃油泵及喷油器的工作原理。

2. 技能目标

◎ 完成空气滤清器的更换；
◎ 完成燃油滤清器的更换；
◎ 完成喷油器的更换。

3. 素养目标

◎ 培养团队的合作意识和能力；
◎ 养成规范作业和安全工作的习惯；
◎ 建立沟通意识和能力；
◎ 培养自主解决问题的能力。

学习任务一：空气供给系统的结构与维修

6.1.1 知识准备

1. 空气供给系统的功用与组成

空气供给系统的功用是控制并测量吸入发动机的空气量，为可燃混合气的形成提供所需要的空气。空气供给系统主要由空气滤清器、空气流量计、节气门、进气歧管等组成，如图6.1所示。

发动机在运行时，空气流量由节气门控制。也就是说，空气经空气滤清器过滤，由空气流量计计量后，通过节气门进入进气总管，再分配到各进气歧管内，空气与喷油器喷出的汽油混合后被吸入气缸内燃烧。

2. 空气供给系统的工作部件（总成）

（1）空气滤清器。空气滤清器起到滤除空气中的灰尘、沙砾的作用，保证气缸中进入足量、清洁的空气，图6.2所示为拆下罩盖的空气滤清器。

图6.1 空气供给系统

图6.2 拆下罩盖的空气滤清器

发动机在工作过程中要吸进大量的空气，如果空气不经过空气滤清器过滤，空气中悬浮的尘埃会被吸入气缸中，就会加速活塞和气缸之间的磨损。较大的颗粒进入活塞与气缸之间，会造成严重的"拉缸"现象，这在干燥多沙的工作环境中尤为严重。

（2）空气流量计。空气流量计是测量发动机进气量的装置，一般设置在空气滤清器与节气门之间，也有的安装在空气滤清器上。此外，还有将空气流量计与节气门做成一体安装在发动机上的。

空气流量计是用来确定基本喷油量的主要依据之一，按其结构形式可分为以下4种：

① 翼片式空气流量计为体积流量型，如图6.3所示。

② 热线式空气流量计为质量流量型，在20世纪80年代初开发研制。目前，热线式空气流量计应用最为广泛，如图6.4所示。

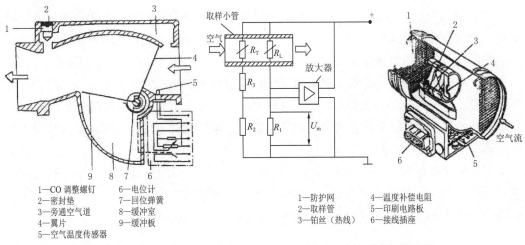

1—CO 调整螺钉　6—电位计
2—密封垫　　　7—回位弹簧
3—旁通空气道　8—缓冲室
4—翼片　　　　9—缓冲板
5—空气温度传感器

图6.3　翼片式空气流量计

1—防护网　　4—温度补偿电阻
2—取样管　　5—印刷电路板
3—铂丝（热线）6—接线插座

图6.4　热线式空气流量计

③ 热膜式空气流量计为质量流量型，由美国通用汽车公司研制。目前，热膜式空气流量计大多应用在通用汽车公司和五十铃汽车公司生产的汽车上。我国生产的电控燃油喷射发动机也广泛应用此结构。

④ 卡门旋涡式空气流量计为体积流量型，在三菱汽车和丰田汽车上应用得较多。卡门旋涡式空气流量计主要有反光镜检测[如图6.5（a）所示]和超声波检测[如图6.5（b）所示]两种。

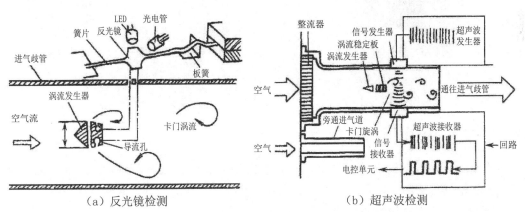

（a）反光镜检测　　　　　　　　　（b）超声波检测

图6.5　卡门旋涡式空气流量计

a.反光镜检测方式的卡门旋涡式空气流量计具有响应较快、进气阻力小、无磨损、测量精度高等优点，但其成本较高，多用在高档汽车上，如雷克萨斯LS400及部分三菱汽车等。

b.超声波检测方式的卡门旋涡式空气流量计是利用卡门旋涡引起的空气密度变化进行测量的。在空气流动方向的垂直方向安装超声波发生器和信号发生器，在其对面安装超声波接收器。从信号发射器发出的超声波因受卡门旋涡造成的密度变化的影响，到达信号接收器时其振幅、相位和频率发生变化，信号接收器将超声波整形、放大后形成与涡流数目相对应的矩形脉冲信号并输送给发动机电控单元，发动机电控单元据此对比并计算出实际进气量。

（3）节气门。节气门的主要作用是通过改变节气门开度的大小，来改变进气道的截面积，控制发动机的运转工况；通过节气门位置传感器检测发动机的负荷。因为燃油供给的方式和对发动机怠速控制的方式不同，节气门的结构也不尽相同，如图6.6所示。

（4）进气歧管。进气歧管绝对压力传感器是用来测定进气管压力的。进气歧管绝对压力传感器的种类较多，按照信号产生原理来分，可分为电容式、半导体压敏电阻式、膜盒传动的可变电感式和表面弹性波式等。其中，电容式和半导体压敏电阻式在发动机电控系统中应用较为广泛。

半导体压敏电阻式绝对压力传感器（如图6.7所示）利用的是半导体的压敏效应，它具有尺寸小，精度高，成本低，响应性、再现性和抗震性好等优点，它是由压力转换元件和把转换元件输出信号进行放大的混合集成电路等构成的。

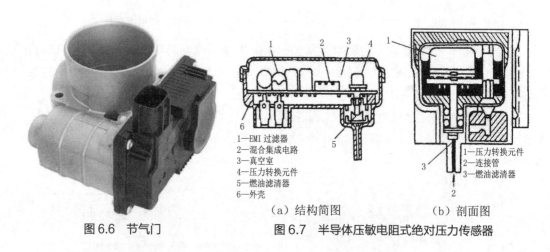

图6.6 节气门

1—EMI过滤器
2—混合集成电路
3—真空室
4—压力转换元件
5—燃油滤清器
6—外壳

（a）结构简图

1—压力转换元件
2—连接管
3—燃油滤清器

（b）剖面图

图6.7 半导体压敏电阻式绝对压力传感器

6.1.2 任务训练

当空气滤清器的滤芯堵塞时，发动机会出现冒黑烟、无力和油耗增加等情况。因此，应当定期清洁和更换空气滤清器的滤芯，保持空气滤清器的良好畅通性。

更换空气滤清器的具体步骤如下：

① 拔下曲轴箱通风软管。

② 拔下制动真空管。

③ 按照图6.8所示的箭头方向拔出空气滤清器。

④ 安装时，按照图6.9所示的箭头方向进行。安装时需要注意以下几点：

a.在空气滤清器已分解的情况下，将空气滤清器壳体上的部件固定到空气滤清器和进气软管时，尽量使用自攻螺钉。

b.始终使用原装空气滤清器的滤芯。

c.在安装软管接头、空气导向管和空气导向软管时，不得涂抹油脂和润滑油。

d.为避免发生功能故障，在用压缩空气来清洁空气滤清器的壳体时，必须用一块干净的清洁布盖住主要的空气导流部件（例如，空气导管）并用扭矩2 N·m拧紧。

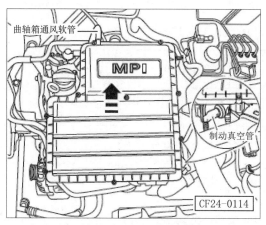

图6.8　拔出空气滤清器　　　　图6.9　安装空气滤清器

6.1.3　任务实施与评价

本任务为更换空气滤清器，具体实施内容如表6.1所示。

表6.1　任务实施

项目	内容
任务名称	更换空气滤清器
任务目标	掌握空气滤清器的更换原则； 掌握空气滤清器的更换方法
时间安排	60分钟
实施环境	一体化实训室
工具、设备	车辆； 通用工具；等等
分组安排	每组6～8人
注意事项	注意车辆安全； 注意清洁

本任务的技能评价如表6.2所示。

表6.2 技能评价

序号	作业说明	作业内容	配分	评分标准	扣分	得分
1	更换空气滤清器前的准备	检查是否放置翼子板垫	5	未放置扣5分		
		检查发动机是否处于低温状态	10	未检查扣5分		
		检查空气管路连接状态	10	未检查扣10分		
2	空气滤清器壳体的拆卸	检查操作步骤是否正确	10	操作步骤有误，按操作情况，酌情扣分		
		检查空气滤清器的滤芯安装位置是否正确	10	未检查扣10分		
3	空气滤清器壳体的清洁	检查是否封堵各进气管路	10	错误扣10分		
		检查是否有效清洁	10	错误扣10分		
4	新空气滤清器的安装	检查新空气滤清器的滤芯的状态并确认安装位置是否正确	25	未检查或安装位置错误，每错误一项扣10分		
		文明操作	10	有不文明操作的，酌情扣分		
5	熟练程度	考核时间为55分钟	10	在操作正确和数据准确的基础上，如果提前完成任务，则每提前1分钟加1分（只计整数）		
6	合计		110			

6.1.4 任务小结

通过本任务的学习，你掌握了哪些知识？请将思考的问题记录在表6.3中并进行结果检验。

表6.3 任务小结

序号	问题	自检结果
1		

续表

序号	问题	自检结果
2		
3		
4		
5		
6		
7		
8		
9		
10		

学习任务二：燃油供给系统的结构与维修

6.2.1 知识准备

1. 燃油供给系统的功用与组成

燃油供给系统的功用是为气缸燃烧提供所需的汽油，它主要由燃油泵、燃油滤清器、燃油脉动阻尼器、燃油压力调节器、燃油总管和喷油器等组成，如图6.10所示。

燃油由燃油泵从油箱中泵出后，经燃油滤清器滤除燃油中的杂质，进入燃油总管，总管中的油压由压力调节器调节，燃油脉动阻尼器消除喷油时产生的微小脉动，确保喷油量的精确性。喷油器根据发动机电控单元的指令，开启喷油阀，将适量的燃油喷入各个进气歧管或进气总管。

2. 燃油供给系统的工作部件（总成）

（1）燃油泵。燃油泵的功用是将油箱内的燃油吸出并通过喷油器供给发动机的各个气缸，以满足发动机正常工作的需要。

根据燃油泵安装位置的不同，燃油泵可分为内置式燃油泵和外置式燃油泵两种。

内置式燃油泵将泵安装在燃油箱内，而外置式燃油泵是将泵安装在燃油箱之外的燃油管路中。内置式燃油泵不易发生气阻和漏油现象，对泵的自吸性能要求较低，而且噪声小，故目前大多数电控燃油喷射系统广泛采用内置式燃油泵。

燃油泵主要由泵体、永磁电动机、安全阀、单向阀和外壳等组成，其结构如图6.11所示。泵体是燃油泵的主体，根据结构的不同，它可分为滚柱泵、转子泵、涡轮泵和侧槽泵等形式。

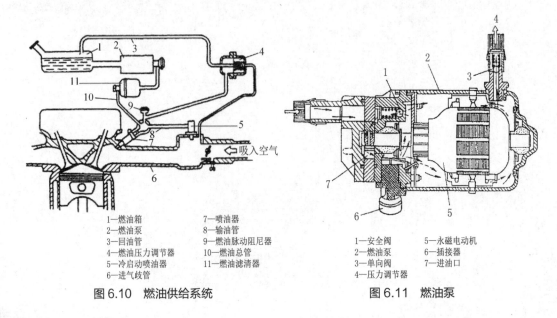

1—燃油箱　　　　7—喷油器
2—燃油泵　　　　8—输油管
3—回油管　　　　9—燃油脉动阻尼器
4—燃油压力调节器　10—燃油总管
5—冷启动喷油器　　11—燃油滤清器
6—进气歧管

图6.10　燃油供给系统

1—安全阀　　5—永磁电动机
2—燃油泵　　6—插接器
3—单向阀　　7—进油口
4—压力调节器

图6.11　燃油泵

永磁电动机通电时带动泵体转动,将燃油从进油口吸入,经燃油泵的内部,再从出油口压出,给燃油系统供油。由于燃油流经燃油泵的内部,又可对永磁电动机的电枢部分进行冷却,故这种燃油泵又称为湿式燃油泵。

单向阀主要用于防止燃油倒流并可保持管路残余压力,方便永磁电动机下次启动。同时,防止温度较高时油路产生气阻现象,影响发动机的热启动性能。若燃油泵输出压力超过400 kPa时,则安全阀自动打开,高压燃油可流回至燃油泵的进油腔,在燃油泵和永磁电动机之间内循环,可避免由于油路堵塞而引起管路油压过高造成的管路破裂或燃油泵损坏等现象。

(2)燃油滤清器。燃油滤清器(如图6.12所示)安装在电动汽油泵出口一侧的高压油路中,其功用是除去燃油中的固体杂质,防止燃油供给系统堵塞和减少机件磨损。一般来说,燃油滤清器是整体的一次性产品,主要由壳体和滤芯等组成,安装时有方向要求。

(3)燃油脉动阻尼器。燃油脉动阻尼器的功用是减小因喷油器喷油时使油路油压产生的微小波动以及降低噪声。燃油脉动阻尼器主要包括膜片和弹簧组成的减振机构,如图6.13所示。膜片将脉动阻尼器隔成膜片室和燃油室,膜片室内安装有弹簧,可以将膜片压向燃油室。当燃油压力增高时,膜片弹簧被压缩,使燃油室容积增大,减缓燃油压力的增加;反之,当燃油压力降低时,在弹簧力的作用下使燃油室容积减小,减缓燃油压力的降低。

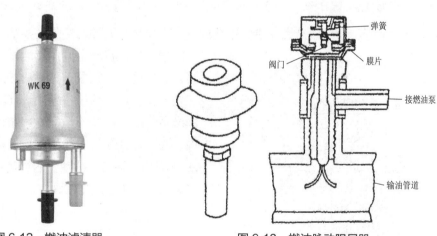

图6.12 燃油滤清器　　　　图6.13 燃油脉动阻尼器

(4)燃油压力调节器。燃油压力调节器的功用是使发动机在任何工况下,燃油系统的绝对油压和进气歧管的空气压力之间的差值恒定不变约为250 kPa,保证发动机电控单元对喷油量的精确控制。

燃油压力调节器如图6.14所示,它主要由壳体、膜片、回油阀门和校正弹簧等组成。膜片将燃油压力调节器分隔成弹簧室和燃油室,膜片下端带有回油阀门,用以控制出口。弹簧室通过通气管与进气歧管相通,以进气歧管压力的变化来控制弹簧室的真空度。燃油压力调节器的入口与安装喷油器的管道相连接,出口通过油管与燃油箱相通。当节气门后进气管压力降低时（发动机负荷减小），膜片带动回油阀门上移，出口变大，使燃油系统的绝对油压相应降低；当进气管压力增大时（发动机负荷增大），膜片带动回油阀门下移，出口变小，如此反复操作使燃油系统的绝对油压上升。当发动机停止工作时，在弹簧力的作用下，回油阀门关闭，使系统内保持一定的残余压力以利于发动机启动。

（5）燃油总管。燃油总管的功用是将燃油均匀、等压地输送给各个喷油器，同时，它还具有储油、蓄压的作用。燃油总管的容积油量相对于发动机的循环喷油量要大很多，可以防止燃油压力的波动，供给各喷油器以等量的燃油。图6.15所示为桑塔纳汽车2000 GSi的AJR发动机燃油总管和各气缸的喷油器、燃油压力调节器组合件的安装。

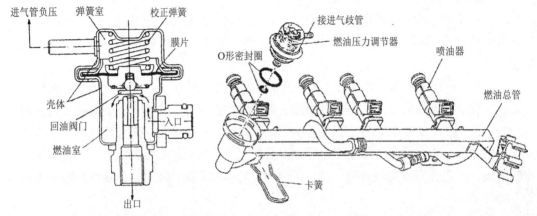

图6.14 燃油压力调节器　　图6.15 桑塔纳汽车2000 GSi的AJR发动机燃油总管及其他组合件

（6）喷油器。喷油器是燃油供给系统的一个重要执行元件，接受电控单元传来的喷油脉冲信号，将一定量的燃油适时、准确地喷入进气管（气缸内）。喷油器是一种对加工精度要求很高的精密零件，其动态流量范围必须稳定，在相当于6亿次喷射的使用寿命内，必须保持喷油器的动态流量范围稳定在±4%以内。而且，喷油器的抗堵塞、抗污染能力以及雾化性能比较好。

电控式燃油喷射系统全部采用电磁式喷油器，如图6.16所示。喷油器的分类方式为：按用途的不同，可分为单点式和多点式；按燃油的送入位置的不同，可分为顶部供油式和底部供油式；按喷油口的形式的不同，可分为轴针式和孔式（孔式又可分为球阀式和片阀式等）；按喷油器的驱动电路形式的不同，可分为低阻式（0.6～3Ω）和高阻式（12～17Ω）等。

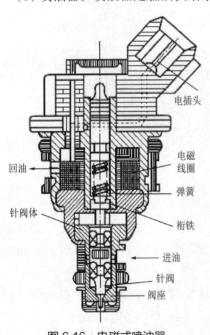

图6.16 电磁式喷油器

6.2.2 任务训练

1. 燃油滤清器的更换

一般汽车的行驶里程在30 000~60 000 km时，需要更换和保养燃油滤清器，更换和保养燃油滤清器的操作步骤如下：

① 打开发动机的机盖，打开熔丝的盒盖，取下燃油泵熔丝。

② 确认驻车制动系统的制动状态，换挡杆处于空挡位置，打开点火开关启动发动机，使发动机运转到自动熄火状态。

③ 取下蓄电池的负极接线柱。

④ 举升车辆并选择合适的高度。

⑤ 用清洁布擦净燃油滤清器的进油口和出油口处的污物。

⑥ 使用合适的工具拆卸燃油滤清器固定支架的固定螺栓。

⑦ 使用合适的工具拆卸进油管和出油管。

⑧ 将燃油滤清器从固定支架中取出，并将剩余的燃油倒进回收器，将燃油滤清器放置到指定位置。

⑨ 将新的燃油滤清器按照箭头指向发动机的方向安装在燃油滤清器固定支架上，并保证其安装可靠。

⑩ 检查进油管和出油管是否有老化和裂纹等现象。若没有上述现象，则正常安装进油管和出油管。

⑪ 降下汽车，安装燃油泵熔丝和蓄电池负极接线柱，并确认它们均能可靠地连接。

⑫ 启动汽车，确认燃油滤清器的更换效果。

2. 喷油器的拆装与清洗

（1）喷油器的拆卸。

① 从熔丝支架中拔出控制燃油泵的熔丝。

② 拆卸空气滤清器，注意燃油供油管有压力，需要佩戴护目镜和防护手套，以免燃油溅出伤害皮肤。在松开油管连接件之前，在连接处放置清洁布，然后小心地拔出软管，以减小压力。

③ 如图6.17所示，沿箭头A的方向按压固定夹子，并向上拔出燃油管。

④ 封闭燃油管，避免燃油系统受污染。

⑤ 拔出供油管的固定夹子，如图6.18所示。

⑥ 拔下插头，拧下螺栓。

⑦ 将带喷油器的燃油分配器从进气歧管中拉出（如图6.19所示），放到一块干净的清洁布上。

⑧ 沿图6.20的箭头所示的方向拔下固定夹子，然后从燃油分配器上拆下喷油器。

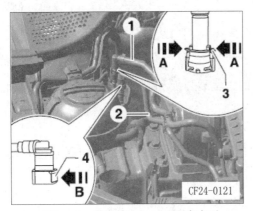 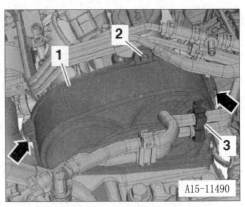

1—插头；2—燃油管；3、4—固定夹子。　　　1—正时罩盖；2—螺栓；3—固定夹子。

图6.17　拔出燃油管　　　　　　　　　　　图6.18　拔出供油管的固定夹子

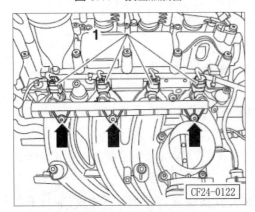 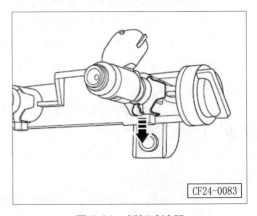

图6.19　拆卸燃油分配器　　　　　　　　　图6.20　拆卸喷油器

（2）喷油器的安装。喷油器安装时按照拆卸的相反顺序进行，同时注意以下事项：

① 更换所有打开过的连接位置O形密封圈。

② 更换喷油器前部的O形密封圈，绝不允许从喷油器头上拔下燃油罩盖。

③ 用干净的发动机润滑油略微浸润O形密封圈。

④ 注意喷油器的安装位置要正确。

⑤ 检查固定夹子的安装是否正确。

⑥ 将燃油分配器与固定好的喷油器放在进气歧管上，然后将燃油分配器均匀压入。

⑦ 用紧固螺钉将燃油分配器安装到进气歧管上。

⑧ 拧紧扭矩为7 N·m。

（3）喷油器的清洗。清洗喷油器所需要的专用工具和维修设备为：超声波清洗装置、喷射模块固定板和清洗液。

清洗喷油器的步骤如下：

① 拆卸喷油器。

② 将喷油器插入喷射模块固定板中，如图6.21所示。

③ 从喷射模块固定板上加清洗液，必须加注到超声波清洗装置开口的上边缘，如

图6.22所示。同时，遵守超声波清洗装置相关的安全规定和使用说明。

④ 将清洗温度设定为50℃。

⑤ 将清洗时间设定为30分钟。

⑥ 选择超声波按键清洗设备，清洗温度达到50℃时，设定的清洗时间开始倒计时。

⑦ 清洗完成后，更换每一个喷油器的O形密封圈。

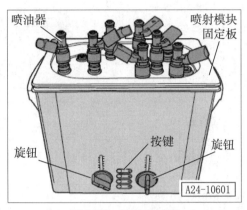
图6.21 清洗喷油器

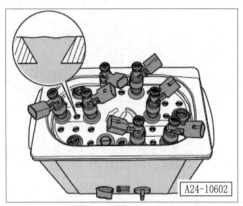
图6.22 清洗液加注标记

6.2.3 任务实施与评价

本任务为燃油滤清器的更换，具体实施内容如表6.4所示。

表6.4 任务实施

项目	内容
任务名称	燃油滤清器的更换
任务目标	掌握燃油滤清器的更换方法
时间安排	60分钟
实施环境	一体化实训室
工具、设备	车辆； 通用工具； 清洁布；等等
分组安排	每组6～8人
注意事项	注意车辆安全； 注意清洁

本任务的技能评价如表6.5所示。

表6.5 技能评价

序号	作业说明	作业内容	配分	评分标准	扣分	得分
1	车辆防护与检查	检查是否放置翼子板垫	5	未放置扣5分		
		检查是否准备工具及消防设备	10	未准备扣5分		
		检查车辆是否处于正确的举升位置	10	错误扣10分		
2	燃油滤清器的更换	检查是否将燃油管路正确泄压	15	错误扣5分		
		检查是否正确地拆卸车辆底部的护板	10	错误扣10分		
		检查是否正确地断开燃油管路	20	错误扣10分		
		检查是否正确安装与检验燃油滤清器	20	错误扣10分		
		文明操作	10	有不文明操作的，酌情扣分		
3	熟练程度	考核时间为55分钟	10	在操作正确和数据准确的基础上，如果提前完成任务，则每提前1分钟加1分（只计整数）		
4	合计		110			

6.2.4 任务小结

通过本任务的学习，你掌握了哪些知识？请将思考的问题记录在表6.6中并进行结果检验。

表6.6 任务小结

序号	问题	自检结果
1		
2		

续表

序号	问题	自检结果
3		
4		
5		
6		
7		
8		
9		
10		

思考题

1. 如果空气滤清器的滤芯堵塞,那么对发动机的工作有什么影响?

2. 节气门若产生积炭是否影响发动机的工作?如何影响?

3. 某一时段车辆使用燃油杂质较多,对发动机有何影响?如何应对?

4. 车辆保养时,燃油供给系统重点保养哪些项目?

5. 燃油压力脉动阻尼器、燃油压力调节器的功能有何区别?

项目七
发动机的组装

项目导入

> 客户委托:一辆大众速腾汽车配置 EA211 1.4T 的发动机,行驶 160 000 km,发动机更换活塞后,油底壳出现漏油现象,客户要求解决油底壳漏油问题。
>
> 请思考:发动机拆装后,油底壳漏油的原因有哪些?

学习目标

1. 知识目标

◎ 说明发动机组装的基本要求;
◎ 说明发动机组装的注意事项;
◎ 说明发动机密封件的功用及类型;
◎ 说明发动机的密封特点。

2. 技能目标

◎ 解释发动机组装的技术要求;
◎ 完成发动机的组装;
◎ 解释发动机密封件的使用规范。

3. 素养目标

◎ 培养团队的合作意识和能力;
◎ 养成规范作业和安全工作的习惯;
◎ 建立沟通意识和能力;
◎ 培养自主解决问题的能力。

习任务一：发动机的组装过程

7.1.1 知识准备

1. 发动机组装的基本要求

发动机的组装精度要求很高，具体要求如下：

① 图7.1所示为发动机组装前零件的准备。在发动机组装前，应对已经选配的零件和组合件认真清洗、吹干和擦拭干净，确保清洁。

② 检查各零件，不得有毛刺和擦伤，保持零件完整无损。

③ 应特别仔细检查、清洗气缸体和曲轴上的润滑油油道，并用压缩空气吹净。

④ 做好工具、设备和工作场地的清洁，工作台和工具应摆放整齐。

⑤ 按规定配齐全部的衬垫、螺栓、螺母、垫圈和开口销等，并准备适量的润滑油、润滑脂等常用材料。

⑥ 在发动机组装前需要准备好必要的专用工具和量具，如图7.2所示。

图7.1 发动机组装前零件的准备　　图7.2 发动机组装前专用工具和量具的准备

2. 发动机组装的注意事项

发动机组装时，要注意以下事项：

① 应对主要零件进行复检，使其符合技术标准的要求。

② 不可互换的零件、组合件（如各活塞连杆组所对应的气缸孔，曲轴主轴承盖和螺栓等），应按原位安装，不得错位。

③ 有组装位置要求的零部件（如正时齿轮或正时齿轮带轮等），在组装时必须根据记号按原方向和部位对准，不得错位，如图7.3所示。

④ 有相对运动的零件（如曲轴主轴颈与滑动轴承配合处），在安装时应涂抹润滑油，减少在安装过程中因转动和冷磨初期造成的磨损。

⑤ 在零件的安装过程中，应尽量使用专用工具，以防止零件受损。在安装过盈配

合组件时，应使用专用的压力机和工具、夹具。

⑥ 重要部位的间隙（如活塞与缸壁间隙，曲轴主轴颈与轴承间隙、气门间隙等），必须符合安装标准的规定。

⑦ 有多个螺栓连接的零件，在安装时应注意按一定的顺序拧紧并达到规定的扭矩，避免让零件受力不均，造成其翘曲变形，甚至破裂。

合理的拧紧零件的顺序是：先从中央开始，然后左右对称拧紧。对有4个、6个、8个螺栓连接的零件，需要按照一定顺序分多次对角拧紧，如图7.4所示。

⑧ 发动机上重要的螺栓、螺母（如连杆螺栓、主轴承盖螺栓等）必须按照规定的扭矩分次拧紧。

⑨ 随着发动机类型和结构的不同，发动机组装的步骤有所区别。但组装的基本原则是：以气缸体为装配的基础，与拆卸步骤相反，由内到外地组装。具体内容可参考相关的汽车维修手册。

⑩ 在具体组装过程中，有些零部件的组装工作在不违反工艺顺序的情况下，可以组织平行或交叉作业，为了保证组装质量，应边组装、边检查和边调整。

图7.3 有组装位置要求的零部件的组装

图7.4 有多个螺栓连接的零件的组装

3. 发动机组装的技术要求

本部分内容的发动机组装的技术要求适用于国产往复活塞式汽车发动机（汽油机和柴油机），具体要求如下：

（1）装配的零部件和附件均应符合经规定程序批准的制造或修理技术要求。

（2）发动机应按经规定程序批准的装配技术条件进行组装，并组装齐全。

（3）组装后的发动机，不应有漏油、漏水、漏气、漏电现象，但润滑油、冷却液密封接合面处允许有不致形成滴状的浸渍。

（4）发动机在正常工作温度下，5秒钟内能启动。柴油机在环境温度不低于5℃，汽油机在环境温度不低于-5℃时，能顺利启动。

（5）发动机怠速运转稳定，其转速应符合原设计的规定。

（6）四行程汽油机在正常工作温度怠速转速时，以海平面为准，进气歧管真空度应在430～530 mmHg范围内。6缸汽油机的进气歧管真空度的波动范围一般不超过

25 mmHg，4缸汽油机的进气歧管真空度的波动范围一般不超过38 mmHg。

（7）发动机在各种转速下运转稳定，在正常工况下，不得有过热现象。发动机在改变转速时，应过渡圆滑；突然加速或减速时，不得有突爆声。

（8）在规定转速下，润滑油压力应符合原设计的规定。

（9）气缸压缩压力应符合原设计的规定，各缸压缩压力差的要求是：汽油机应不超过各缸平均压力的8%，柴油机应不超过10%。

（10）发动机启动运转稳定后，只允许正时齿轮、润滑油泵齿轮、喷油泵传动齿轮及气门脚有轻微均匀的响声，不允许活塞销、连杆轴承、曲轴轴承和活塞等出现异响。

（11）发动机最大功率和最大扭矩均不得低于原设计标定值的90%。

（12）发动机最低燃料消耗率不得高于原设计规定。

（13）发动机的排放限值应符合国家有关规定。

下面以大众速腾汽车配置EA211 1.4T发动机（如图7.5所示）为例，介绍发动机组装的具体步骤。

（1）彻底清洁气缸体所有的密封面，清洗润滑油油道和冷却液水道，使用压缩空气吹干。

（2）安装活塞连杆组。在安装活塞时要注意安装的位置，图7.6所示的活塞顶部的箭头指向皮带轮一侧；同时，也要注意活塞环开口的标准位置是否正确。

图7.5　EA211 1.4T 发动机

图7.6　安装活塞连杆组

如果安装旧活塞，则要按照旧活塞上的标记安装在所属气缸上。

图7.7所示为安装连杆轴瓦下瓦盖，具体步骤如下：

第一步：更换紧固螺栓，用润滑油润滑螺纹和接触面，将紧固螺栓拧紧至30 N·m +90°。

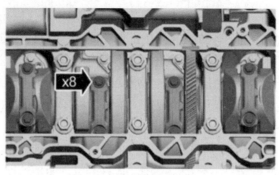

图7.7　安装连杆轴瓦下瓦盖

第二步：依次安装好每一个连杆轴瓦下瓦盖之后，转动曲轴验证它们能否正常运转。

注意：在安装连杆轴瓦下瓦盖时，必须按照拆卸时所标记的方向安装。

（3）安装曲轴后部密封法兰。使用专用工具安装曲轴后部密封法兰，按图7.8所示的顺序和扭矩分步拧紧1～6号螺栓：

第一步：用手拧入1～6号螺栓，直至紧贴。

第二步：以10 N·m的扭矩分步拧紧1～6号螺栓。

（4）安装飞轮。图7.9所示为安装飞轮，更换飞轮紧固螺栓的步骤如下：

第一步：首先用手将螺栓预紧。

第二步：在气缸体的孔中（如图7.9所示的A和B）插入飞轮锁止工具3067，然后使用扭力扳手将飞轮紧固螺栓交叉拧紧至60 N·m＋90°。

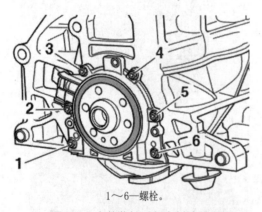

1～6—螺栓。

图7.8　安装曲轴后部密封法兰

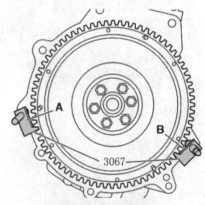

图7.9　安装飞轮

（5）安装曲轴前部密封法兰。使用专用工具安装曲轴前部密封法兰，按图7.10所示的顺序和扭矩分步拧紧1～8号螺栓：

第一步：用手拧入1～8号螺栓，直至紧贴。

第二步：以8 N·m的扭矩交叉拧紧1～8号螺栓。

第三步：以20 N·m的扭矩拧紧7、8号螺栓。

第四步：把1～8号螺栓继续旋转90°。

（6）安装油底壳上部件。在油底壳上部件的干净密封面上涂抹密封剂（如图7.11所示的箭头方向）。密封剂带的厚度为2～3 mm。

注意：

① 涂抹密封剂后5分钟内必须安装油底壳上部件。

② 密封剂过多可能导致润滑系统堵塞，涂抹的密封剂带的厚度不得超出相关的汽车维修手册的规定。

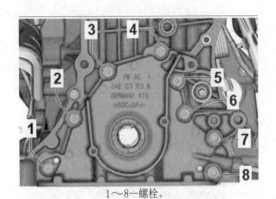

1～8—螺栓。

图7.10　安装曲轴前部密封法兰

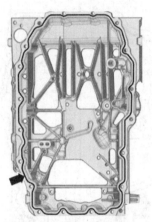

图7.11　安装油底壳上部件

更换油底壳上部件的紧固螺栓，按图7.12所示的顺序和扭矩分步拧紧1～19号螺栓：

第一步：用手拧入1～19号螺栓，直至紧贴。

第二步：以8 N·m的扭矩拧紧1～19号螺栓。

第三步：最后把1～19号螺栓继续旋转90°。

（7）安装润滑油泵。在驱动链中装入润滑油泵及其驱动链轮并拧紧润滑油泵紧固螺栓，如图7.13所示的箭头方向，并将紧固螺栓拧紧至10 N·m。

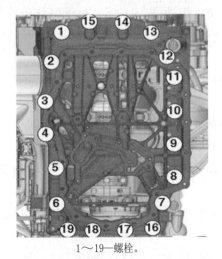

1～19—螺栓。

图7.12　更换油底壳上部件的紧固螺栓

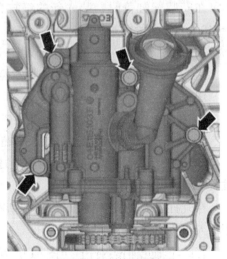

图7.13　安装润滑油泵

（8）安装油底壳下部件。在油底壳下部件的干净密封面上涂抹密封剂，如图7.14所示的箭头方向。密封剂带的厚度为2～3 mm。

注意：在密封法兰区域内要小心地涂抹密封剂，在涂抹密封剂后5分钟之内必须安装油底壳下部件。

更换油底壳下部件的紧固螺栓，按照图7.15所示的顺序和扭矩分步拧紧1～19号螺栓：

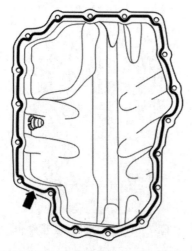

图7.14 安装油底壳下部件（1）

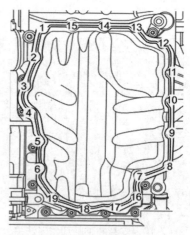

1～19—螺栓。

图7.15 安装油底壳下部件（2）

第一步：用手拧入1～19号螺栓，直至紧贴。

第二步：以12 N·m的扭矩拧紧1～19号螺栓。

注意：安装油底壳下部件后必须让密封剂带硬化大约30分钟，然后才允许加注发动机的润滑油。

（9）安装气缸盖。安装气缸盖前将1缸的活塞调至上止点，再略微往回转曲轴。

在安装气缸盖时，装入新的气缸盖紧固螺栓，按照图7.16所示的顺序分步拧紧1～10号气缸盖紧固螺栓：

第一步：以40 N·m的扭矩拧紧1～10号螺栓。

第二～四步：分三次把1～10号螺栓继续旋转90°。

注意：

① 在气缸体上的气缸盖螺栓孔中不能有润滑油或冷却液，否则会损坏气缸体。

② 安装气缸盖时要轻拿轻放，平稳放置在气缸体上，避免磕碰，损坏气缸垫。

③ 如果螺栓第一次扭转的角度超过90°，禁止将螺栓松开，在加下一个旋转90°时进行调整。

在气缸盖上安装滚子摇臂，检查所有的滚子摇臂是否均正确紧贴气门杆末端以及是否卡入相应的补偿元件。

将凸轮轴壳体密封件置于图7.17所示的气缸盖的固定销（箭头所指的方向）上。

注意：如果安装旧的滚子摇臂，请按照拆卸时标记的位置进行安装。

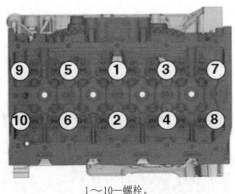
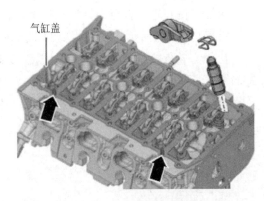

1~10—螺栓。

图7.16 安装气缸盖

图7.17 安装滚子摇臂

（10）安装凸轮轴壳体。在气缸盖上拧入两个双头螺栓。从上方将凸轮轴壳体垂直沿两个双头螺栓导入，直至将其与气缸盖表面紧密贴合在一起，如图7.18所示。

注意：安装时凸轮轴壳体不得倾斜。

装入新的凸轮轴壳体紧固螺栓，按照图7.19所示的顺序和扭矩分步拧紧1~15号气缸盖紧固螺栓：

第一步：以10 N·m的扭矩拧紧1~15号螺栓。

第二步：把1~15号螺栓继续旋转180°。

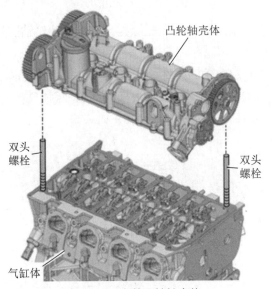
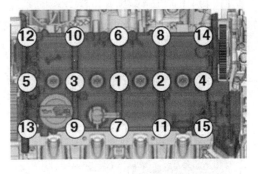

图7.18 安装凸轮轴壳体

1~15—螺栓。

图7.19 安装凸轮轴壳体

（11）安装减震器/曲轴皮带轮。用手拧入涂抹少量油脂的减震器/曲轴皮带轮螺栓，并拧到底。

使用固定工具3415N固定减震器/曲轴皮带轮，然后拧紧减震器/曲轴皮带轮螺栓，（如图7.20所示的箭头方向）。拧紧扭矩为150 N·m，然后按照上紧方向再旋转180°。

（12）安装正时系统。用开口宽度为30的梅花扳手T10499，沿着如图7.21所示的箭头方向旋转偏心轮，直至指针位于调节窗口右侧大约10 mm处。

沿着与图7.21所示的箭头相反的方向转动偏心轮，直到指针正好位于设置窗口。

让偏心轮保持在该位置并且用扳手接头T10500和扭矩扳手拧紧螺栓，直至扭矩为25 N·m。

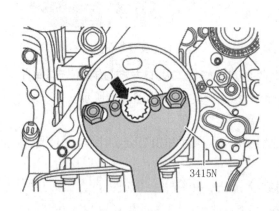

图7.20 安装减震器/曲轴皮带轮

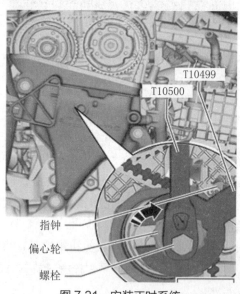

图7.21 安装正时系统

（13）验证正时系统。拧出图7.22（a）中的箭头所指方向的螺栓，并取出凸轮轴固定装置T10494（FT10494N）和固定销T10340。

沿着发动机的运转方向将曲轴旋转2圈，安装曲轴固定螺栓T10340和凸轮轴固定装置T10494（FT10494N），检查正时系统是否安装正确。如果无法插入凸轮轴固定装置T10494（FT10494N），则表明正时系统安装的不对，需要重新调整正时系统。

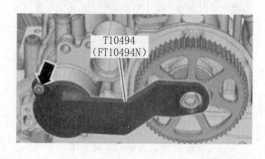

（a）凸轮轴固定装置T10494（FT10494N）

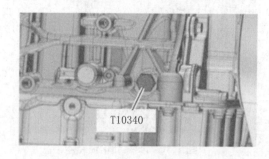

（b）固定销T10340

图7.22 验证正时系统

（14）紧固凸轮轴正时齿轮螺栓。使用带转接头T10172/1的固定工具T10172，以规定的扭矩拧紧图7.23所示的两个螺栓。在原有50 N·m的基础上旋转135°。

按照拆卸顺序安装发动机的外部组件，如图7.24所示，至此发动机组装完毕。

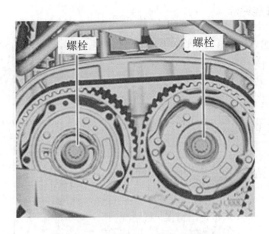

图 7.23 凸轮轴正时齿轮的紧固

图 7.24 发动机的外部组件

7.1.2 任务实施与评价

本任务为发动机的组装，具体实施内容如表 7.1 所示。

表 7.1 任务实施

项目	内容
任务名称	发动机的组装
任务目标	掌握发动机的组装步骤
时间安排	60 分钟
实施环境	一体化实训室
工具、设备	发动机； 扭力扳手； 角度盘； 120 件套； 清洁布；等等
分组安排	每组 6～8 人
注意事项	注意拆装安全； 注意清洁

发动机的组装

本任务的技能评价如表7.2所示。

表7.2 技能评价

序号	作业说明	作业内容	配分	评分标准	扣分	得分
1	发动机组装	清洁气缸体	5	未清洁扣5分		
		检查安装活塞连杆组操作是否正确,螺栓紧固扭矩是否正确	10	未检查出错误,视情况,酌情扣分		
		检查安装曲轴后部密封法兰的操作是否正确,螺栓紧固扭矩是否正确	10	未检查出错误,视情况,酌情扣分		
		检查安装飞轮的操作是否正确,螺栓紧固扭矩是否正确	5	未检查出错误,视情况,酌情扣分		
		检查安装曲轴前部密封法兰的操作是否正确,螺栓紧固扭矩是否正确	5	未检查出错误,视情况,酌情扣分		
		检查安装油底壳上部件的操作是否正确,螺栓紧固扭矩是否正确	10	未检查出错误,视情况,酌情扣分		
		检查安装油底壳下部件的操作是否正确,螺栓紧固扭矩是否正确	10	未检查出错误,视情况,酌情扣分		
		检查安装气缸盖的操作是否正确,螺栓紧固扭矩是否正确	10	未检查出错误,视情况,酌情扣分		
		检查安装凸轮轴壳体的操作是否正确,螺栓紧固扭矩是否正确	10	未检查出错误,视情况,酌情扣分		
		检查安装曲轴皮带轮的操作是否正确,螺栓紧固扭矩是否正确	5	未检查出错误,视情况,酌情扣分		
		检查安装正时系统的操作是否正确,螺栓紧固扭矩是否正确	10	未检查出错误,视情况,酌情扣分		
		检查验证正时系统的操作是否正确,螺栓紧固扭矩是否正确	5	未检查出错误,视情况,酌情扣分		
		文明操作	5	有不文明操作的,酌情扣分		
2	熟练程度	考核时间为55分钟	10	在操作正确和数据准确的基础上,如果提前完成任务,则每提前1分钟加1分(只计整数)		
3	合计		110			

7.1.3 任务小结

通过本任务的学习,你掌握了哪些知识?请将思考的问题记录在表7.3中并进行结果检验。

表7.3 任务小结

序号	问题	自检结果
1		
2		
3		
4		
5		
6		
7		
8		
9		
10		

学习任务二：密封件的使用

7.2.1 知识准备

1.发动机密封件的分类及应用特点

汽车发动机在维修时，"三漏"（漏水、漏油和漏气）现象最令维修人员头痛。"三漏"直接影响着汽车的正常使用以及汽车发动机的外观洁净程度。

图7.25所示为发动机密封件，它的作用是密封发动机，防止发动机出现"三漏"的现象。

发动机密封件材质的优劣，直接影响着发动机密封性能的好坏，下面具体介绍发动机密封件的类型。

（1）软木板密封垫。图7.26所示为软木板密封垫，它是由颗粒状软木与适当的黏合剂压制而成的。

软木板密封垫常用于油底壳、水套侧盖、出水口、节温器壳、水泵及气门室盖等处。

由于软木板具有易折断、安装不便等缺点，故现代汽车已不再首选此类密封垫，但仍可作为替代品使用。

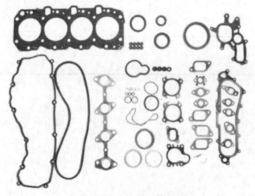

图7.25 发动机密封件

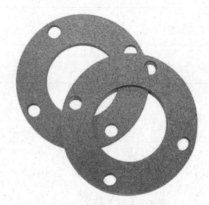

图7.26 软木板密封垫

（2）衬垫石棉板密封垫。衬垫石棉板密封垫如图7.27所示，它是以石棉纤维与黏合剂混合制成的板状材料。具有耐热、耐压、耐油和不变形等特点，常用于汽油泵、润滑油滤清器、正时齿轮壳等处。

（3）耐油橡胶垫。图7.28所示为耐油橡胶垫，它以丁腈橡胶和天然橡胶为主，添加石棉丝等材料制作而成。

耐油橡胶垫常常以成型垫的形式供汽车发动机密封使用，主要用于油底壳、气门室盖、正时齿轮壳及空气滤清器等处。

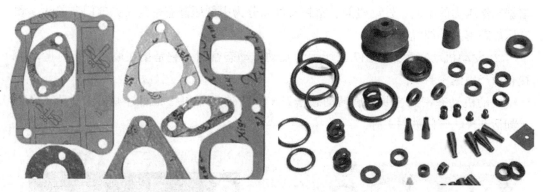

图7.27 衬垫石棉板密封垫　　　　　图7.28 耐油橡胶垫

（4）专用密封垫。图7.29所示为专用密封垫。曲轴前后的油封通常是专用的标准件，大多数采用骨架式橡胶油封。

专用密封垫通常采用钢片（或铜片）包石棉的方法制成，进气歧管和排气歧管以及排气管接口衬垫采用钢皮（或铜皮）包石棉的方法制成。

（5）密封胶。图7.30所示为密封胶。汽车发动机通常使用的是非黏结型（俗称液体垫圈）密封胶。

密封胶是以高分子化合物为基体的黏稠状液态物质，涂抹后在零件接合面上形成均匀、稳定、连续的黏附薄层或可剥性薄膜，并能充分填充到接合表面的凹陷与缝隙中。

通常，密封胶可以在发动机气门室盖、油底壳等处单独使用或与它们的衬垫联合使用，也可单独用于曲轴最后一道轴承盖下方以及油孔螺塞、油堵等处。

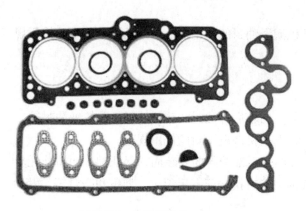

图7.29 专用密封垫　　　　　图7.30 密封胶

2.发动机密封的特点及分类

发动机密封分为静态密封和动态密封。

① 发动机静态密封。图7.31所示为发动机静态密封，它是指在彼此没有相对运动的接合面产生的密封。发动机静态密封主要有密封垫密封、密封圈密封和密封胶密封。

根据工作压力的不同，发动机静态密封又可以分为中低压静态密封（如气门室盖垫）和高压静态密封（如气缸垫）。

② 发动机动态密封。图7.32所示为发动机动态密封，它是指在彼此有相对运动的接合面产生的密封。

发动机动态密封主要有旋转动态密封（如曲轴前部和后部油封）和往复动态密封（如活塞环、气门油封）等。

图7.31 发动机静态密封

图7.32 发动机动态密封

7.2.2 任务训练

发动机密封件使用规范主要有发动机润滑油封的使用规范、发动机密封垫的使用规范和发动机密封胶的使用规范等。

1.发动机润滑油封的使用规范

发动机润滑油封主要有曲轴前部油封、曲轴后部油封、气门油封、凸轮轴油封等。下面以发动机曲轴后部油封为例介绍发动机润滑油封的使用规范。

（1）清洁。清洁发动机气缸体曲轴及曲轴后部油封的安装面，保证配合面清洁无异物；检查发动机气缸体曲轴与曲轴后部油封唇口接触面有无裂纹、划痕和凸台等。发动机润滑油封的清洁如图7.33所示。

（2）检查油封。检查曲轴后部油封唇口是否有变形、破损和裂纹等，确认无误后，在油封唇口涂抹润滑油。

将油封唇口保护器涂抹润滑油后安装在曲轴上，安装油封时，按照图7.34所示的顺序将曲轴后部油封的紧固螺栓拧紧至标准扭矩，取下油封唇口保护器，然后检查油封唇口与曲轴接合面是否紧密接合。

图 7.33　发动机润滑油封的清洁

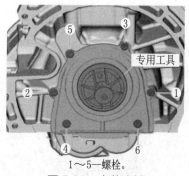

1~5—螺栓。

图 7.34　安装油封

2.发动机密封垫的使用规范

发动机密封垫主要有气缸垫、进排气歧管垫和气门室盖垫等。

下面以发动机气缸垫为例介绍发动机密封垫的正确使用。

（1）清洁。如图7.35所示，在清洁发动机气缸垫时，发动机气缸垫与密封表面应清洗干净，保证配合面清洁无异物；确保气缸盖螺栓的螺纹孔中没有液体；确保润滑油管路洁净没有异物。

（2）检查垫片。检查发动机气缸垫结构与密封表面结构是否相符合。

（3）安装垫片。图7.36所示为安装发动机气缸垫，按规定位置装好发动机气缸垫，然后用标准扭矩拧紧。

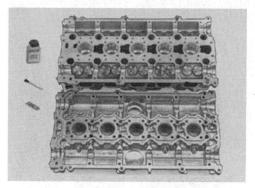

图 7.35　发动机气缸垫的清洁

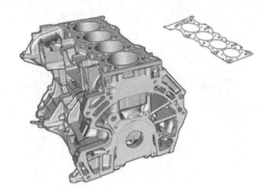

图 7.36　安装发动机气缸垫

3.发动机密封胶的使用规范

图7.37所示为密封胶。下面以发动机润滑油底壳为例介绍发动机密封胶的使用规范。

（1）选密封胶。在使用密封胶前应参照相关的汽车维修手册选择正确的密封胶并确认密封胶在有效使用期内，无变质或包装破损的情况。

（2）清洁。图7.38所示为清洁油底壳。在清洁油底壳的表面时，注意不要使用金属刮刀、钢丝刷、电动研磨盘或者其他磨料方式。因为金属工具会导致油底壳划痕和擦伤，产生泄漏通道，因此应该使用塑料刮板工具铲除密封胶的遗留痕迹。

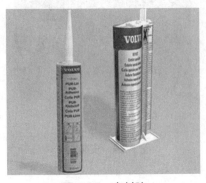

图 7.37　密封胶

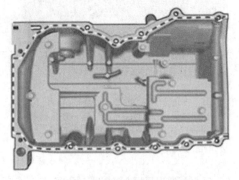

图 7.38　清洁油底壳

（3）涂密封胶。将密封胶均匀地涂抹在接合面的一侧，如图7.39所示。通常，使用环境不同，涂密封胶的方法也有所区别。我们应该严格按照相关的汽车维修手册的要求，进行涂密封胶工作。

在图7.39中，"$\phi 2.5 \pm 0.5\ mm$"的含义是：2.5表示涂密封胶的宽度和厚度的标准值，0.5表示误差允许范围。

在涂密封胶前，需要根据涂密封胶的宽度和涂密封胶的厚度用刀片在胶嘴上按照所需要的尺寸开口（假设没有配备多个胶嘴的密封胶）。可以按照不同的涂密封胶要求和涂密封胶面，将胶嘴开口切成圆口、尖口和45°。胶嘴从上到下依次变大，可以根据需要来切，先切小一点，进行涂密封胶测试后再根据效果进行修整。胶嘴如图7.40所示。

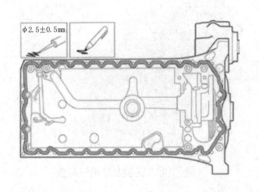

图 7.39　涂密封胶

图 7.40　胶嘴

在涂密封胶时，力度一定要均匀，不能时大时小；在涂密封胶时也不要让胶嘴摇晃，而是把胶嘴倾斜按45°匀速涂抹。涂密封胶时，最好一气呵成，不能有过多的停顿，否则涂出的胶线断断续续，会出现过薄、过厚的现象。

（4）检查。按标准要求涂密封胶以后，要按照相关的汽车维修手册中的标准扭矩紧固油底壳并固定螺栓，检查并清洁被挤出来的密封胶，如图7.41所示。

密封胶种类的不同，密封胶固化的时间也有所不同，要在规定时间内进行安装，如

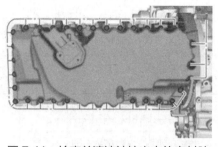

图 7.41 检查并清洁被挤出来的密封胶

果超出规定时间未安装，则需要清理密封胶后重新涂密封胶。

装配油底壳后必须让密封胶干燥30分钟后再加注润滑油，启动发动机，检查润滑油液面后，路试30分钟以上，检查油底壳与气缸体的接合面，变速器与发动机接合处等是否还有渗油现象。

7.2.3 任务实施与评价

本任务为发动机润滑油底壳涂密封胶，具体实施内容如表7.4所示。

表7.4 任务实施

项目	内容
任务名称	发动机润滑油底壳涂密封胶
任务目标	掌握密封胶的正确使用
时间安排	60 分钟
实施环境	一体化实训室
工具、设备	油底壳； 清洁布； 密封胶； 塑料铲刀；等等
分组安排	每组 6～8 人
注意事项	注意拆装安全； 注意清洁

本任务的技能评价如表 7.5 所示。

表7.5 技能评价

序号	作业说明	作业内容	配分	评分标准	扣分	得分
1	油底壳涂密封胶前的准备	检查密封胶的有效期	10	未检查扣 10 分		
		检查油底壳清洁是否彻底	10	检查不彻底，视情况，酌情扣分		

续表

序号	作业说明	作业内容	配分	评分标准	扣分	得分
1	油底壳涂密封胶前的准备	检查胶嘴切口是否标准	10	如果胶嘴切口过大,则扣10分		
2	油底壳涂密封胶	检查操作手法是否正确	10	检查错误,视情况,酌情扣分		
		检查是否有过多的停顿	10	检查错误,视情况,酌情扣分		
		检查胶线是否有断开	10	检查错误,视情况,酌情扣分		
		检查胶线的宽度是否符合要求	10	检查错误,视情况,酌情扣分		
		检查胶线的厚度是否符合要求	10	检查错误,视情况,酌情扣分		
		检查整体胶线的美观性	10	检查错误,视情况,酌情扣分		
		文明操作	10	有不文明操作的,酌情扣分		
3	熟练程度	考核时间为55分钟	10	在操作正确和数据准确的基础上,如果提前完成任务,则每提前1分钟加1分(只计整数)		
4	合计		110			

7.2.4 任务小结

通过本任务的学习,你掌握了哪些知识?请将思考的问题记录在表7.6中并进行结果检验。

表7.6 任务小结

序号	问题	自检结果
1		
2		
3		

续表

序号	问题	自检结果
4		
5		
6		
7		
8		
9		
10		

思考题

1. 发动机拆装后，油底壳为什么会漏油？

2. 在涂密封胶时，需要注意哪些事项？